KB175356

나는 프로
100일러
입니다

나는 프로 100일러입니다

초판 1쇄 인쇄 2022년 10월 31일
초판 1쇄 발행 2022년 11월 18일

지은이 홍지윤
펴낸이 최익성

기획 김민숙
책임편집 김희정
마케팅 총괄 임동건
마케팅 임주성, 홍국주, 김아름, 신현아, 김다혜, 이병철, 송현희, 김신혜
마케팅 지원 안보라, 안민태, 우지훈, 박성오, 신원기, 박주현, 배효진
경영지원 임정혁, 이순미
펴낸곳 플랜비디자인
디자인 박은진

출판등록 제2016-000001호
주소 경기도 화성시 첨단산업1로 27 동탄IX타워 A동 3210호
전화 031-8050-0508
팩스 02-2179-8994
이메일 planbdesigncompany@gmail.com

ISBN 979-11-6832-038-3 03320

100일 전문가
홍씨와 함께하는
100일 습관
만들기

나는 프로
100일러입니다

홍지윤 지음

쑥과 마늘 없이도
성공하는
100일 인생!

 플랜비디자인

긍정적 변화를 꿈꾸는 모든 이에게

정진호

J비주얼스쿨 대표, 작가, 일러스트레이터,
비주얼씽킹/마인드맵 전문가

2018년 초에 처음 만난 홍지윤 작가는 자녀 교육에 관심이 많고 살짝 부끄럼을 타는 지극히 평범한 주부였습니다. 그러나 4년의 세월이 흐르는 동안 놀랍게도 그녀는 자신감과 매력이 넘치는 완벽한 프로 백일러로 변신했습니다.

홍지윤 작가를 보면 생각나는 사자성어가 바로 청출어람靑出於藍입니다. 이 사자성어는 제자가 스승보다 실력이 더 뛰어남을 비유하는 말입니다. 저를 통해 100일 창작 놀이를 시작했지만, 이제는 저보다 더 많은 100일 도전의 성공 경험을 가진 최고의 마인드맵 전문가가 되었으니 말이죠.

사실 저 역시 100일 도전은 해마다 큰마음을 먹고, 사전에 다양한 준비를 하고 시작합니다. 매번 그녀의 도전을 지켜보며 개인적으로 '대체 어떻게 힘든 100일 도전을 이렇게 수월하게 해낼까?' 하는 궁금증을 가지고 있었습니다. 이제 이 책을 통해 모든 궁금증을 풀 수 있게 되었습니다.

펄펄 끓어오르는 열정으로 100일 도전을 시작했다면, 어쩌면 저는 이 도전에 실패했을 것입니다. 저는 다소 미지근한 열정으로 도전을 시작합니다. 중요한 것은 이 온기를 100일 동안 계속 가져가는 것이죠. 비결은 바로 100일간의 도전 자체를 즐기는 것입니다. 즐기는 자를 당할 수는 없습니다. 그리고 평범한 것이 100일 동안 모이면 특별한 것이 될 것입니다.

"행복은 강도가 아니라 빈도이다." 제가 좋아하는 말입니다. 100일 도전을 시작하면 매일 성공의 행복을 느낄 수 있고, 성공하면 100번의 행복을 느낄 수 있습니다. 매일 성공의 기쁨을 느끼는 사람은 '나는 쓸모 있는 사람이다.'라는 자기 효능감이 커지겠죠.

100일 도전은 소비가 아닌 창작의 행위입니다. '100일 동안 100가지 게임하기', '100일 동안 100가지 음식 먹기' 등은 100일 도전이 아닙니다. 이것은 소비 활동입니다. 홍지윤 작가의 100일 도전이 의미 있는 것은 그것이 바로 창작 활동이기 때문입니다. 무엇인가를 꾸준히 창작할 수 있는 존재가 된다는 것은 상상만으로도 행복해집니다.

재능을 가진 사람과 자신을 비교할 필요는 없습니다. 우리의 경쟁 상대는 과거의 자신입니다.

한 가지 확실한 것은 100시간 연습하면 100시간 전의 자신보다는 성장한다는 것입니다. 홍지윤 작가는 성장에 대한 저의 철학을 직접 증명해 준 고마운 제자이자 동료입니다.

이 책은 대한민국의 평범한 사람들을 특별한 100일 전문가로 만들어 줄 것입니다.

그리고 100일 전의 자신보다 멋진 사람이 된 자신을 발견하게 될 것입니다.

긍정적 변화를 꿈꾸는 모든 분에게 일독을 권합니다.

차례

START

지극히 평범하고
엄마로서 완벽하지도 않고,
직장 생활 경험도 없고
내 자신에 대해 자신감이 없었던 나 '홍씨'
두 딸인 '김씨'들을 억지로 끌고 가려고 시작했던
100일 놀이

'홍씨'는 어느덧 100일 놀이의 전문가가 되어 있고
'김씨'들은 억지로 끌고 가지 않아도
스스로 자기 할 일을 하게 되었다.

100일 놀이가 뭐길래?

100일 놀이에 대한 이야기를 시작해 보려고 한다.

1장

숨만 쉬며 어정쩡하게
나이만 먹었다

어려움도 없고
잘하는 것도 없었다

누구나 사람은 원하는 것을 다 갖지 못한다. 그때 이랬더라면, 돈 때문에, 상황 때문에, 가정환경 때문에, 사회적 혼란 때문에 등등 각종 '때문에'가 붙은 후회들을 가득 안고 산다.

하지만 대단한 것을 이룬 사람들의 이야기를 보면 고난이 있었다. 전쟁, 가난, 가정불화, 사업 실패 등등. 사람들은 그들이 이겨낸 어려움과 역경을 보며 대단하다고 칭송한다. 그런 고난을 겪는 사람은 많지만 바람직하고 대단한 성과를 이룬 사람은 적기에 그들이 유명해진 것이겠지.

난 어려움 없이 컸다. 부모님 인생이 장밋빛은 아니셨지만 적어도 자식들 고생은 안 시키셨다. 가난하다거나 사업 실패로 빨간 딱지가 붙는다거나 불행한 가정환경 같은 고난 단골 메뉴에 해당 사항이 없다. 학비 걱정, 돈 걱정 해본 적도 없고 몸이 크게 아픈 적도 없다. 그럼에도 난 이걸 당연한 거라 생각했고 오히려 부족하다고 생각하며 더 좋은 환경, 부유한 친구들을 부러워했다.

어려움도 없었지만 잘 하는 것도 없었다. 운동도 못하고, 다룰 줄 아는 악기도 없고, 노래도 못해서 노래방엔 얼씬도 하지 않는다. 공부라도 잘 했어야 했는데, 난 공부도 별로였다. 언니는 '스스로' '깨달아' '알아서' 잘하는 아이였다. 이런 사람이 언니였으니 비교되는 건 당연했다.

"언니 공부하는 거 반만 해봐라."

그렇다고 내가 원하는 만큼 신나게 노는 아이였냐면 그것도 아니다. 공부를 잘하는 게 아니면 입담이 좋다거나 잘 놀아서 친구가 많고 그래야 하는데 그것도 아니었다. 노는 것도 못했다.

어느 책에서 읽었는지 정확히 기억은 안 나지만, 학교에서 상위 1%와 하위 1%에 속하는 애들은 뭐라도 되는 애들이라고 한다. 하위 1%도 아무나 하는 게 아니라면서. 제일 문제는 그 중간에 껴 있는 애들이라고 했다. 위로도 못 올라가고, 아래로도 못 내려가는 중간계 아이들. 그 안에 내가 있었다. 언니처럼 1등도 못하고 그렇다고 다 팽개치고 막 놀지도 못하는 소심한 아이가 나였다.

공부는 그렇다치고, 그럼 책이라도 많이 읽었어야 했는데 집에 있는 책이라곤 계림문고 전집뿐이었다. 물론 이 책도 언니를 위해 샀던 책이었다. 둘째인 난 항상 언니 것을 물려받는 것이 당연했다. 다른 책을 읽고 싶다고 해도 "저 책이나 다 읽어라." 하셨다. 다 읽었다고 해도 "네가 저걸 언제 다 읽었냐?"며 믿지 않으셨다. 정말 위인전 빼곤 다 읽었는데. 그랬다. 난 믿음직한 딸도 아니었다.

뭘 해도 '적당히'였다. 안 하면 혼나고 창피하니까 하는 시늉만 할 뿐이었다. 가만히 있으면 중간은 할 수 있으니까. 난 그저 그런 아이였다. 숨만 쉬며 나이만 먹었다. 하고 싶은 것도 없고, 잘하는 것도 없고, 노력도 해본 적 없다. 가만히 기차 중간에 올라타 있으면 저절로 목적지로 흘러갈 줄 알았다.

'엄마' 역할도
잘하지 못했다

벌써 졸업이다. 할 줄 아는 게 하나도 없는데 '대졸'이란 꼬리표가 붙었다. 멋지게 취업해서 드라마에서처럼 예쁜 정장을 입고 출입증을 목에 걸 줄 알았는데 불러 주는 곳이 하나도 없다. 그래, 뭐 꼭 폼 나는 사무직일 필요는 없지. 좋아하는 일을 하면 된다잖아. 그런데 내가 뭘 좋아하지?

잘하는 것도 없고 좋아하는 것이 뭔지도 모르는 생각 없는 대학생도 졸업이 코앞으로 다가오니 약간 진지해졌다. 그럴 수밖에 없었다. 원서 넣는 족족 불합격이었으니. 계획은 물론 자신감이나 자존감도 없는 주제에 막연하게 그냥 어떻게 되지 않을까 하며 운이나 기대했을 뿐이다.

난 2월에 대졸자가 되었고 4월에 기혼자가 되었다. 취업은 안됐다. 난 사회 경험 한 번 없이 졸업과 동시에 결혼을 해버렸다. 결혼을 도피처로 여긴 것도 아니다. 그냥 젊을 때 웨딩드레스 입으면 더 예쁘겠다는 어처구니없는 생각은 했다.

미국에 있을 때 알던 사우디 부부가 있었다. 둘 다 20살이란다. 결혼 직후 같이 유학 온 것이라 했다. '20살이라…. 쟤네 나라에선 진짜 결혼 빨리 하네.'라고 생각했다. 지금 생각하니 사돈 남 말 했네. 그 부부는 만 20살이었고 난 만 24살에 결혼한 거였으니 도토리 키를 쟀네, 키를 쟀어.

미적지근한 사람이라 그런가 결혼도 무난하게 했다. 드라마틱한 만남도 아니었고, 애틋한 우여곡절도 없었고, 가족의 심한 반대를 무릅쓰고 한 결혼도 아니었다. 누가 봐도 이른 결혼이었는데 왜 나만 몰랐을까? 심지어 난 4살 많은 언니보다 먼저 결혼을 했다.

학원에서 강사를 하다 잘렸으며, 모 프랜차이즈 제빵사 교육 중 나이가 많다고 잘렸고, 메이크업 아티스트를 하고 싶었으나 너무 늦은 나이라고 주변에서 말렸다. 고작 26살이었는데. 33살이나 돼서 해본 바리스타도 오래 못했다.

28살, 난 '엄마'가 되었다. 누구나 처음 엄마가 되지만 생각 없이 그냥 엄마가 된 난 혼란스러웠다. 고슴도치도 자기 새끼는 예뻐한다고 누가 그런 거야? 얼마나 예쁘면 물고 빨고 하는 거지? 눈에 넣어도 안 아픈? 그게 말이 돼?

모성애. 말 그대로 아기 낳은 '엄마'들이 가지는 감정인데 왜 나한텐 없는 건지. 시험도 없고 등수도 없는 '엄마'도 잘하지 못했다. 난 쥐뿔도 모르고 그림 같은 육아를 꿈꿨다. 믿던 모성애에 발등 찍혔다. 세상에 공짜는 없는데 엄마는 '저절로' 될 것이라는 착각을 하다니. 돌이킬 수 없는 대형 사고다. '아기가 하루하루 크는 게 아섭고, 신기하고, 예쁘고, 사랑스럽고, 부족한 나를 엄마라고 믿고 바라보는 게 감사하고 고맙고…' 같은 아름다운 감정을 가진 엄마들은 인격이 훌륭한 사람들인가. 그들의 아기는 잘 먹고 잘 자는 바람직한 아기들인가. 힘들어도 아기가 한 번 웃어 주면 끝이라는 말도 절대 이해 불가다. 잘 때만 예뻤다.

내 인격은 모성애라는 시험대에 올랐고 처절하게 깨지고 찢어졌다. 그 작은 아기에게 소리 지르고 화내고 혼내고…. 인간 말종이 따로 없다. 애 보는 것보다 나가 일하는 게 편하다는 말도 있던데 완전 공감됐다. 이렇게 불평할 거면 왜 낳았냐고 하겠지만, 솔직히 말하면 몰라서 그랬던 것 같다. 육아의 리얼리티를 전혀 몰랐다. '엄마'가 되면 모성애가 마구 뿜어지고 눈에서 하트가 뿅뿅 나와 아기를 잘 돌볼 줄 알았다. 그러면 아기도 '당연하게' 잘 먹고, 잘 자고, 무럭무럭 '저절로' 크는 줄 알았다. 인정해야 했다. 난 무지했다. 결혼도 그냥 했고, 아기도 그냥 낳았다.

육아서를 파고들었다. 하나같이 양육자의 태도가 중요하단다. 아이의 잘못된 행동은 다 부모 탓이었다. 난 엄마가 되지 말았어야 하는 사람이었다. 동화책에 나오는 계모들이 이해가 된다. 그녀들이 정말 나쁜 여자들이었을까? 나처럼 엄마 역할이 힘든 사람들이었을까?

'아, 난 엄마도 잘하지 못하는구나.'

고졸이든 대졸이든, 석사든, 박사든 엄마가 되면 모두 동등해진다. 경제력에 따라 우아함의 정도는 달라질 수 있겠다. 돈으로 쉽게 해결할 수 있는 부분도 있으니까.

남들이 대학원을 졸업하고 결혼을 할까 말까 고민할 나이에 난 김씨 둘을 다 낳고 출산을 끝냈다. 이놈의 나이 서열은 계속 따라다닌다. 엄마들 사이에서도 나이로 줄을 세운다.

'언니'라는 호칭을 붙여야 하고 그 '언니'는 당연스레 반말을 한다.

"어머, 그럼 자기는 졸업하고 일도 안 해보고 바로 결혼한 거야? 왜 그랬어. 호호호"

아니, 일을 해봤던 안 해봤던 지금 집에서 엄마놀이 하고 있는 건 똑같구먼, 뭘. 칫.

결혼을 일찍 했으면 그 사우디 부부처럼 같이 유학이라도 갔어야 모양이 좀 나오는데 그것도 아니고. 모양 빠지네.

"애나 잘 키워. 애 엄마가 애를 잘 키워야지. 애 잘 키우는 게 남는 장사야."

정말 많이 들은 말이다. 뭔가 일을 하고 싶어 하면 주변에서 말렸다. '엄마가 일 한다고 애가 잘못 크는 것도 아닌데….' 하면서도 이 말을 믿고 의지해야 했다. 난 도전할 용기도 없었으니까.

엄마가 똑똑해야 애를 잘 키운다는 말도 많이 들었다. 여기서 '똑똑'이 뭘 말하는지는 명확하지 않다. 결국, 여자는 엄마가 되면 자식을 위한 존재가 되어야 한다. 이 논리라면 옛날에 딸들 학교 교육 안 시킨 게 맞다. '똑똑'이 학력이 아니라는 전제하에 말이다. 나도 왜 대학을 나왔을까 싶었으니까. 많은 대졸 엄마들이 집에 있다. 석사 엄마도, 박사 엄마도 육아에 전념한다. 내 지인 중엔 육아에 전념하는 의사 엄마도 있다.

셀프 취직
그리고 또 실패

성품도 별로고, 자애롭지도 않고, 넘치는 모성애도 없고, 워킹맘의 능력도 없는 난 뭘 해야 하지?

살림과 요리를 잘 해서 유명해지고 돈도 잘 버는 사람들도 많던데 난 그런 능력도 없다. 출근해서 남이 주는 월급을 받을 수 없다면 다른 방법으로 돈을 벌기로(?) 했다. 셀프 취직이다. 김씨들만을 위한 학습매니저다. 교육서를 읽다 보니 자연스럽게 서울대 보낸 엄마들이 쓴 책을 여러 권 읽게 되었다.

'오호! 이거야. 김씨들 서울대 보내고 나도 책을 쓰겠어!'

먼저 김씨들을 서울대에 보내야 한다. 학원 안 보내고 공부시키는 책들을 닥치는 대로 읽었다. 줄 치며 공부하고, 필요한 사이트들을 찾아 가입했다. 나 같은 직업(?)을 가진 엄마들이 정말 많았다. 책에 나온 대로 공부 계획을 세우고 김씨들을 몰아쳤다. "왜 어린 애들을 달달 볶냐? 애 잡는다."는 말을 들었지만 개의치 않았다. 당신들은 학원 보내잖아요. 난 홍학원 원장이랍니다. 엄마라면 이 정도 교육적 열의가 있어야 되는 거아닌가? 물고 빨고 껌뻑 죽는 것만이 모성애가 아니다. 나같이 교육적 열의를 불태우는 것도 모성애라고 생각했다. "애랑사이 나빠지니 학원에 맡겨야 한다."는 말 따위는 학원 마케팅일 뿐, 가정 교육이 먼저 존재했지 학원 교육이 먼저 있었냐며 가뿐히 무시했다.

입시 설명회도 놓칠 수 없다. 엄마의 정보력이 중요하다잖나. 열심히 찾아다니고 교육과 공부법 책만 읽었다. 어떻게 공부를 더 시킬까만 궁리했다. 시켜야 할 것은 많은데 김씨들이 내 계획대로 따라오지 못해서 동동 발을 굴렀다. 초등 6년교과 커리큘럼이 내 머릿속에 다 있었다. 주변에서 공부방 차리냐고 할 정도였다. 내 새끼가 배우는 게 뭔지 정도는 알고 있어야 하는 게 기본 아닌가? 당신들이 학원 알아보는 정성으로 난 집에서 시킨답니다. 난 돈을 벌고 있는 거랍니다. 학원비 아끼고 애 잘 키우는 게 남는 장사라니 이보다 더 좋은 직업이 없었다.

자녀 교육을 직업으로 가진 엄마들의 세계에 발을 넣으니 이쪽 또한 어마어마했다. 정말 대단한 엄마들의 집합체였다. 난 주변 사람들이 보기에만 극성 엄마였을 뿐 막상 여기서는 별 볼일 없는 사람이었다. 김씨들만 달달 볶았을 뿐, 정작 난 이 세계에서도 최고에 이르지 못했다.

입시 설명회에 갔을 때 강사가 도입부에 해 준 이야기다. 아이가 초등 저학년일 때는 아인슈타인 우유를 먹인단다. 내 아이는 천재니까. 초등 고학년이 되면 서울대는 갈 수 있을 것 같아 서울우유를 주고, 중학생이 되면 조금 낮춰서 연세우

입시전문가가 해준 우유 이야기. 이젠 웃을 수 없다.

유, 고등학생이 되면 2호선이라도 타라고 건국우유, 고3이 되면 저지방 우유를 마신단다. 이거 들을 때만 해도 김씨들이 어렸을 때라 듣고 웃었는데, 지금은 웃을 수 없다.

홍씨 주도학습이 부족했나. 말도 많고 탈도 많고 요구 사항은 더 많은, 정신없고 끝나지 않을 것 같았던 미취학 시절과 지루하게 길었던 초등학생 시절이 다 지나갔다. 꼬박 15년이다. 내 젊음을 투자했지만 현실의 벽을 넘지 못했다. 홍씨 주도 서울대 프로젝트는 흐지부지되었다. 그럼 이제 뭐 하지?

20대에 새댁이었고, 30대에 아기 엄마였다. 40대 여성, 아줌마, 주부, ○○ 엄마, 경단녀 같은 단어가 내 또래 여자들을 칭하는 말이다. 40대라니. 40 하고도 중간에 왔다는 것을 얼마 전에야 깨달았다. 시간이 많아졌다. 이제야 생긴 이 귀한 시간을 어떻게 해야 할까? 막상 시간이 생기니 딱히 하고 싶은 것이 없다. 다시 도돌이표다. 잘하는 것도 하고 싶은 것도 없다.

운동

아이가 교육 기관에 다니기 시작하면 엄마들은 제일 먼저 동네 헬스클럽에 등록한다. 하지만 등록 기간만큼 다니며 살 뺐다는 사람은 못 봤다.(그 중 하나가 나다.) 40대가 되면 여기저기 아픈 곳이 생긴다. 살기 위해 운동한다. 그리고 그곳에서 만난 사람들과 친목을 다진다. 모두 비슷한 나이대고, 같은 공간에서 자주 만난다. 아줌마 특유의 친화력과 개인의 사교성까지 더하면 시너지 폭발이다. 이제는 주객을 구별하기 어렵다. 운동을 하러 가는 것인지, 친목을 위해 운동하는 척하는 것인지 가르기 어렵다. 운동도 재미없지만 매번 시간 맞춰 가는 것도 싫다. 패스.

자발적 매니저

대학 가기 전까지 모든 능력과 시간을 다해 아이를 뒷바라지 한다. 더 좋은 학원에 보내기 위해 라이드는 기본이고 정보 수집을 위해 각종 설명회와 엄마들 친목 모임에도 잘 참석해야 한다. 힘들어 하는 아이를 잘 달래고 구슬리는 것도 엄마 몫이다. 이것도 그나마 잘 하는 애들 엄마나 할 수 있는 일이다. 끝까지 김씨들을 믿고, 1%의 가능성을 품고 김씨들 학원 매니저를 해야 할까? 가능성이 안 보인다. 김씨들이 공교육에서 나왔기에 이것도 패스.

각종 강의와 자격증

배움의 욕구를 충족한다. 취미 생활로 할 수 있는 그림, 음악, 공예 등이 주축이고 인문학 강좌가 추가되었다. 시간 맞춰 갈 곳이 있다는 것이 좋다. 그리고 출석했다는 성취감과 잘 기억나진 않지만 무언가를 배웠다는 느낌을 얻을 수 있다. 눈에 보이는 성과는 없다. 내면의 변화로 만족해야 한다. 학學만 가득하고 습習은 없다.

그나마 활발하고 활동적인 사람들은 나은 편이다. 본성에 따라 목적에 따라 알아서 할일을 찾아다닌다. 그들은 바쁘다. 나 같은 사람이 문제다. 소극적이고 내향적인데다 딱히 좋아하는 것도 없다. 그런데 시간은 많아졌다. 여기저기 찾아다닐 열정은 없다. 기운도 없다.

김씨들이 다 커서 독립하고 나면 난 껍데기만 남을 것 같았다. 지금은 고통스럽지 않다. 40대 전업 주부도 충분히 좋다. 이게 얼마나 더 지속될 것인가. 불안하지만 그렇다고 뭘 하는 것도 아니었다.

사춘기도 아닌데
정체성 혼란이라니

아보카도의 맛을 뭐라고 설명해야 할까? 숲속의 버터. 단맛 없고 물컹한 식감, 식물성 지방의 맛? 초록색에 단맛도 없는 아보카도는 외형도 비호감이다. 매끈하지 않고 우툴두툴하다. 그나마 껍질이 초록색일 때는 봐줄 만한데 후숙이 되어 검게 변하면 더욱 못생겨진다. 검게 변한 아보카도를 반으로 가른다. 동그란 갈색 공 모양 씨가 박혀 있다. 그 씨에 칼을 꽂고 돌린다. 씨가 빠진다. 내가 필요한 건 과육이다. 그래서 정말 많은 씨를 버렸다.

어느 날 내가 아보카도 씨 같다는 생각을 했다. 씨가 없으면 과육이 생길 수 없다. 과육이 잘 자라고 후숙이 되면 필요

난 버려지는 씨인가? 아낌없이 주는 아보카도 씨? 서글퍼진다.

한 과육만 남기고 씨는 버린다. 김씨들은 과육이고 난 씨? 김씨들 다 주고 난 버려지는 씨? 아낌없이 주는 아보카도 씨. 너무 간 건가? 급 서글퍼진다.

가만. 인스타그램에서 아보카도 씨를 발아시켰다는 걸 본 기억이 난다. 맞아. 이건 공이 아니고 씨잖아. 먹을 순 없지만 싹을 틔울 수는 있어.

아보카도 씨를 잘 씻어 갈색 겉껍질을 벗긴다. 모양도 색도 마카다미아와 같다. 일회용 플라스틱 컵에 물을 담고, 둥근 리드를 뒤집어 덮고, 껍질 벗긴 아보카도 씨를 생장점이 물에 닿게 올려놓는다.

기다린다. 기다린다. 또 기다린다. 아보카도 씨는 꿈쩍도 안

하고, 오히려 겉이 마르면서 칼자국 난 부분이 갈변된다. 죽은 씨인가? 썩어가나? 마지막 잎새도 아닌데 내 인생과 직결된 것 같다.

일주일이 지나고 이 주일이 지나고… 두 달쯤 되었을까? 엇! 뭔가 보인다. 삐죽 나온 뿌리가 보인다. "이야~ 발아 성공!" 단단한 알(씨)을 깨고 나와야 해서 그렇게 오래 걸렸나 보다.

나도 달라질 수 있을까? 싹을 틔울 수 있을까?

한창 홍씨 주도학습에 열을 올리던 시절. 학원 없이 공부 시킬 수 있다는 확신은 생겼지만, 그래도 뭔가 부족한 것 같 았다. 뭘 더 시켜야 할까? 독서였다. 읽으라고 책만 줘서는 안 된다. 진짜 잘 읽었는지 확인이 필요하다. 줄거리만 안다고 책을 읽었다고 할 수 없다. 그걸 어떻게 하지?

책을 읽고 강연을 다녔다. 심층독서법이란다. 간단히 말 하면 책 한 권을 여러 가지 방법을 이용해서 읽는 방법이다. 줄 치며 읽고, 필사하고, 요약하고, 질문지를 만들어 답을 쓰고, 마지막으로 마인드맵과 비주얼씽킹으로 한 장 요약한다. 오, 이거 괜찮은데? 나도 책은 많이 읽었지만 머리에 많이 남지 않아 고민하던 중이었다. 내가 먼저 해봐야 김씨들을 시킬 수 있겠다. 어디 한번 해볼까? 마인드맵? 비주얼씽킹? 책 내용도 알고 예시도 봤지만 막상 그리려니 어려워서 펜만 잡고 흰 종이만 바라보고 있었다. 어…? 어떻게 해야 하지?

방법은 찾으면 나온다. 배우면 된다.

2018년 2월. 비주얼씽킹 워크숍을 신청했다. 정진호 선생님과 인연이 된 첫 수업이다. 이 수업이 내 인생을 이렇게 흔들어 놓을 줄이야. 수업은 재미있었고 내용도 좋았다. 단 내 실력은 별로였다. 딱 봐도 간단한 그림인데 그것을 잘 따라 그리지 못해서 버벅거렸다. 실습 시간이다. 버킷리스트를 그리란다. 펜을 들고 가만히 종이를 바라보았다. 그릴 것이 없었다.

그림이 문제가 아니었다. 그릴 내용이 생각나지 않았다. 내가 원하는 게 뭐지? 하고 싶은 게 뭐지? 내 소원이라는 게 있나? 김씨들 교육 외에 나를 위한 생각은 하나도 없었다. 홍씨의 버킷리스트인데 차마 '김씨들 S대 보내기'라고 쓸 수는 없고, 그거 말고는 생각나는 게 없었다. 뭐라도 채워야 하니 다이어트 후 가지고 싶은 몸무게, 여행(사실 딱히 가고 싶은 곳을 생각한 적 없었다.), 돈 정도를 그렸다. 빈 곳이 많았지만 더 채울 수 없었다. '나 왜 사는 거니?'란 질문을 남기고 그날의 수업은 일회성 이벤트로 끝났다. 김씨들을 위한 일이 나를 위한 일인가? '홍씨의 삶 = 김씨들의 삶'이란 등식이 옳다고 믿었는데 혼란스러웠다.

주민등록증을 받고 나서 내가 어른인 줄 알았다. 하지만 알고 보니 20대도 청소년에서 어른이 되어가는 과도기였고, 30살까지도 여전히 성장기에 있었다. 어쩌다 결혼을 빨리 해서 내 성장기가 끝나기 전에 아기들을 성장시켜야 해서 더 힘들었나 보다. 이젠 성장이 아니다. 후숙이다. 우리는 가족이지만 서로의 독립은 인정하고 지지해야 한다. 김씨들은 김씨들대로, 난 나대로 즐겁고 행복해야 한다.

어쩌다 100일

같은 해 7월, 이번엔 마인드맵 워크숍이다. 이번에도 선생님의 강의는 좋았다. 내 상태는 여전히 별로였다. 그나마 이건 주어진 내용이 있어서 겨우겨우 종이를 채웠다. 서로의 마인드맵을 구경한다. 똑같이 수업을 듣고 똑같은 주제로 그렸는데 왜 이렇게 수준 차이가 큰 것인지.

"어떻게 하면 잘 그릴 수 있어요?"

너무 뻔한 질문을 했다.

"매일 한 장씩 100장만 그리면 돼요."

"…백…백 장이요?"

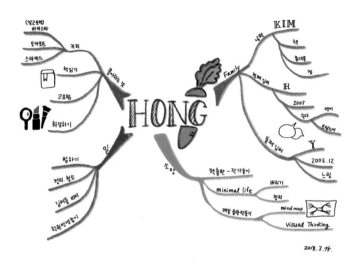

홍씨 소개 마인드맵. 이걸 시작으로 프로 100일러가 될 줄은 정말 몰랐다.

아니, 100장이란 말을 이렇게 아무렇지도 않게 말씀하셔도 되는 겁니까? 매일 한 장이라니 말이 쉽지. 매일 밥 먹기도 귀찮구먼. 100장이라니! 그것도 매일? 100일? 고개를 절레절레 흔들었다.

다음 날. 집. 어제 그린 마인드맵을 보고 있었다. 김씨들 시키려고 같이 수업을 들은 것이니, 이제 김씨들이 하게 하면 되는데 이 기분은 뭘까. 김씨들이 잘 성장하는 것이 엄마의 기쁨인 것은 맞는데 그게 내 마음대로, 내 계획대로 될까? 처음으로 의심을 했다. 이 길이 맞는 길인가?

자아성찰의 의문들이 꼬리를 물었지만 됐고, 난 그냥 수업료가 아까웠다. 하루 즐거우려고 지불한 금액이 아니었다. 집에 종이가 있던가? 김씨들이 쓰다 만 스케치북, 색연필, 사인펜을 모아 식탁에 앉았다. 스케치북 매수를 세어 보니 23매다. 100장은 무슨. 이 스케치북만 다 채우면 되겠구먼. 방학 동안 이만큼만 그려 보지 뭐.

책을 펼치고 예시를 보며 자기소개 마인드맵을 그렸다. 역시 난 별 볼일 없는 사람이라 소개할 내용이 없다. 꾸역꾸역 가지를 그리고 가지 끝에 작은 그림도 그려 넣었다. 어제 한 것보다 조금 나아 보인다. 사진을 찍고 태그를 달아 페이스북에 공유했다. 난 수업 듣고 하는 사람이라니까요. 자랑은 필수다. 정진호 선생님은 당연히 '좋아요'를 눌러주셨다. 댓글도 달렸다.

홍씨   애들한테 도움 되라고 배운 것인데 애미만 열심

정진호 엄마가 먼저 행복해지는 것이 제일 좋은 교육. 자녀들은 알아서 제 살길 찾으라 하고 부모들이 행복해지기.

행복이라고? 행복이 뭐 별건가? 무탈하게 살면 그게 행복이라고 생각했다. 좋아하는 일을 하며 행복을 느낀다? 생각해 보지 않았다. 육아서에서 비슷한 내용을 본 것 같기는 하다. 엄마의 기분이 전해진다는 것 말이다. 내 행복이라고? 내 행복은 뭘까? 엄마 입장에서가 아닌 홍씨 입장에서 행복을 추구해도 애들은 잘 클까? 왠지 엄마의 행복 추구와 자녀교육은 서로 상반된 것 같은 느낌이다. 엄마의 희생이 있어야만 할 것 같다. 희생하긴 했지. 내 젊은 날을 다 바쳐 키웠으니까. 내가 행복하려면 애들 다 팽개치고 이기적으로 변해야 할 것 같은데… 아닌가? 엄마가 먼저 행복하라고? 나 먼저?

잘 모르겠고, 23장을 그리기로 했으니 다음 날도 마인드맵을 그렸다. 김씨들도 했다. 어느새 23매를 다 쓰고 두 번째 스케치북이 시작되었다. 십의 자릿수가 커지는 재미가 쏠쏠했다. 반복되는 일상 속에서 찾는 나만의 시간이랄까. 어제보다 잘 그려진 마인드맵을 보면 기분이 그렇게 좋을 수가 없었다. 반대로 잘 안 그려진 날엔 의기소침해졌다. 누가 시킨 것도 아니고 보상이 있는 것도 아니었다. 강한 욕망이 있어 100장을 하겠다는 의지를 불태운 것도 아니었다. 그냥 매일매일이

나를 위한 놀이 시간이었다. 어느 날은 놀이가 매우 재미있고, 어느 날은 좀 재미없고 그런 차이였다.

중간 중간 힘이 빠질 때마다 정진호 선생님은 파란 엄지손가락과 댓글로 자극을 주셨다. 십의 자릿수가 커질수록 그만두려야 그만두기 아까운 상황이 되었다. 마음이 쿵쾅거렸다.

"나 이러다 진짜 100일 성공하는 거 아니야?"
"디지털 마인드맵도 100장 해보세요. 훨훨 나는 기분이 될 겁니다."

100일이 끝날 즈음 다음 100일을 주문하시는 선생님. '헉! 이분 왜 이러시나? 또 100일이라니!'

100일을 마쳤다. 감개무량은 이럴 때 쓰는 말이다. 내가 100일을 지속하다니. 살다 살다 오래 살고 볼 일이다. 100일을 또 할 수 있을까? 이 기세를 몰아 할 수 있을 것 같기도 하고, 힘들 것 같기도 하고, 해야 할 것 같기도 하고, 100일이 끝났으니 마침표를 찍어도 될 것 같기도 하고. 미적미적 갈팡질팡이었다.

100일을 마친 다음 날. 허전하다. 손이 근질근질하다. '아…,

100일 끝났는데. 이제 안 해도 되는데….'라고 생각하면서도 마인드맵을 그렸다. 습관인가? 신문을 읽어도, 책을 읽어도 머릿속에서 마인드맵 가지가 뻗어 나간다. 아아…, 또 해야 하나 보다 싶었다. 그렇게 두 번째 100일을 시작했다. 그리고 마인드맵 전문가가 되었다. 훨훨 나는 기분이란 게 뭔지 이제 야 알 것 같았다. 노트북을 펴서 마인드맵을 그리다 보면 주 위에서 '뭐지…?!' 하는 시선이 느껴지긴 하는데, 그러거나 말 거나. '난 전문가거든.'이라는 마음으로 당당히 가슴을 폈다.

2019년 3월 광화문 교보빌딩에서 있었던『공부머리 독서 법』최승필 작가의 강연회에 갔다 와서 페이스북에 마인드맵 과 함께 글을 올렸는데, 거기에 댓글이 달렸다.

정진호 노트북을 펴고 강의를 들으며 마인드맵을 그리면 모두
　　　　놀라는 표정! ㅎㅎㅎ

홍씨　　맞아요, 특히 엄마들 많은 강연에 가면 특히 더 그래요.
　　　　ㅎㅎㅎ

이재훈 회사에서도 마찬가지예요!! 끝나고 나면 이게 뭐에요? 라
　　　　며 오는 사람들도 몇 있지요.

홍씨 　회사에서도 그렇군요. 어머낫!

정진호 　강의는 안 듣고 내 노트북 화면만 보고 있는 사람도 많아
　　　　요.

홍씨 　제 뒷사람들도 그랬을까요? ㅋㅋㅋ

뭐 하나 열심히 한 적 없었다. 특별히 잘한다고 칭찬받은 적도 없었다. 자신감? 그런 것 가져본 적 없다. 그런 내가 이제는 자신감이 넘치고 스스로 전문가라 칭하는 수준에 이르렀다. 나이 먹고 뻔뻔해진 것일까? 슈퍼파워가 생긴 것일까? 난 그냥 100일을 했을 뿐이다.

이렇게 홍씨는 100일러가 되기 시작했다.

왜
100일이나?

100일이 주는
묘한 쾌감

살면서 날수를 세 본 적이 있었던가? 내가 태어난 후 100일
은 부모님이 세셨을 테고. 안 세셨을 것 같기도 하다. 난 둘
째고, 지금도 내 생일을 헷갈려 하신다. 수능 100일 전? 이
건 내가 굳이 세지 않아도 주변에서 다 알려 준다. 연애 시작
100일? 이것도 세 본 적 없는 것 같다. "우리 오늘부터 사귀는
거야. 시작!"하면서 사귀나? 요즘 애들은? (첫째 김씨 왈 그렇다
고 한다.) 군대도 안 갔고, 군대 간 남자친구도 없어서 100일 휴
가는 세어 본 적 없다.

역시 새끼가 뭐라고. 김씨들 100일은 세어 봤네. 100일 사
진 찍으려고 세어 봤다. 암튼 날짜 세기 좋아하는 사람들은

따로 있는 것 같다. 난 김씨들도 100일, 첫 돌 말고 세 본 적 없는데, 우리 아기 태어난 지 몇 개월, 며칠을 기록하는 사람들이 있다. 대단한 사람들이다. 난 내 나이도 헷갈리는데. 그만큼 사랑이 많은 사람들인가, 아님 수 감각이 뛰어난 사람들인가.

100일을 말할 때 꼭 빠지지 않는 것은 웅녀다. 웅녀의 어감이 별로다. '곰 여자'라 해야 좀 나은가? 아무튼, '곰이 100일 동안 쑥과 마늘을 먹고 인간이 되었으니 우리는 모두 100일의 자손이다.'라고 하면 너무 간 것일까?

우리는 누구나 첫 백일을 거쳤다. 기억나지 않는 자신의 백일이다. 자녀가 있다면 아이의 백일, 두 번의 백일을 경험한 셈이다.

네이버 지식백과를 보니 다음과 같이 나와 있다.

- 백일은 실제 태어난 날의 수라는 의미를 넘어서 많은 날이라는 의미를 지닌다.
- 백일잔치는 백일치성, 백일재 등에서 보듯이 100이라는 숫자가

한국 민속에서 큰 수 또는 완전수를 상징하는 것임을 보여주는 사례이다. 곧 백일잔치는 계절이 바뀌기도 하는 백일이라는 긴 시간을 무탈하게 넘기고 바야흐로 한 인간으로 성장하는 시발점에 선 아기를 축하하는 의미가 강한 의례이다.

'많은 날'이라는 의미도 있고 완전수의 상징이라…. 좋은데? 이런 전통적인 의미도 좋지만, 거창한 느낌도 있다. 100일 놀이를 했다고 '완전'해지지는 않지만.

홍씨가 정의하는 100의 의미를 보자.

"100은 두 자릿수에서 세 자릿수로 넘어가는 수이다."

싱거운가? 두 자릿수보다는 세 자릿수가 훨씬 크게 다가온다. 물론 세 자릿수보다 네 자릿수가 크지만 그러려면 1000일이 되어야 하는데, 이건 숫자 1에 0을 세 개나 붙여야 하니 길다. 눈동자가 아주 살짝 오른쪽으로 움직인다. 1000일이면 헉! 3년을 꼬박 채워야 하는데…. 하고 싶겠습니까?

우리가 주로 사용하는 날의 단위를 살펴보자.

하루, 1일, 24시간, 작심 3일, 일주일, 7일, 열흘, 10일, 보름, 15일, 삼칠일(스무하루), 한 달, 30일, 66일, 100일, 3개월, 6개월, 1년.

100원보다는 1,000원이 좋지만, 돈이 아니라면 세 자릿수인 100이란 숫자가 더 의미 있어 보인다. 100일 휴가도 있고, 수능 100일 전이라며 상업적인 의미를 부여하기도 한다. 100이란 숫자가 특별한 의미를 주는 것은 확실하다.

『100일을 디자인하라』의 저자, 나가타 히데토모는 목표 달성까지 1만 시간은 필요 없다고 주장한다. 100일 동안 집중하면 목표 달성이 가능하다고 한다.

66일. 습관에 관해 말하고 있는 책에 많이 나오는 숫자다. 석 달이 조금 넘는 시간이니 일 년으로 따지면 한 분기 정도 되는 시간이다.

"하면 할수록 실력은 는다."

어떤 일이든 연습을 많이 하면 실력이 는다. 누구나 알고, 누구나 할 수 있는 말이다. 습관의 힘. 누가 모르나.

그렇다면 어떻게 습관을 만들 수 있을까? 얼마나 오래 지속해야 습관으로 남는 것일까? 이 질문에 대한 답은 '66일'이다. 사람은 특정 행동을 반복하게 되면 어느 정도 시간이 지난 다음에는 그것을 자동으로 하게 된다. '자동으로 하게 된다.'는 의미는 아무런 생각도 의지도 없는 상태에서도 하게 된다는 뜻이다. 물론 사람마다 날짜의 차이는 있다. 하지만 대략 이 정도 시간이 필요하다.[*]

미안해요, 강성태 씨. 66일은 아닌 것 같아요.

한창 홍씨 주도학습에 열 올리고 있을 때 『66일 공부법』(강성태 저)이라는 책을 읽었다. 66일만 하면 습관이 잡힌다는 말에 솔깃하지 않을 사람이 있을까? 김씨들 공부 습관을 훈련하기 위해 이 66일 공부법을 실행하기로 마음먹었다. 또 비슷한 시기에 읽은 다른 책이 『공부 습관을 잡아주는 글쓰기』(송숙희 저)였다. 매일매일 주제 글쓰기를 시킨 엄마의 책이었다. 으흠, 좋아. 두 가지가 딱 맞는다. 66일 주제 글쓰기 시작! 애들만 시키면 안 된다기에 어쩔 수 없이 나도 같이 시작했다. 66일 체크표를 뽑고 스티커를 준비했다. 나는 자판으로 글을 쓰고 싶었지만, 꾹 참고 노트에 손 글씨로 글을 썼다. 쥐어짰다는 표현이 더 맞다. 힘들었지만, 어찌어찌 66일을 채우긴 했다.

반복되는 일상에 습관을 붙이지 못해서였을까? 그때부터

---

[*] 강성태, 『66일 공부법』 16쪽

글을 계속 이어 썼으면 내 글쓰기 실력은 일취월장했을 텐데. 김씨들도 엄마가 시킨 일이었으니 꾸역꾸역 66일을 채우고, 끝이었다. 성취했으나 계속하고 싶지 않은 기분. 목표를 달성했으니 더 하지 않아도 된다는 기쁨이 더 컸다. 그만큼 성취의 기쁨이 약했다는 뜻이다. 두 자릿수가 주는 아쉬움이다. 66일은 습관이 되기엔 확실히 짧은 시간이다.

66일 글쓰기 기록을 다시 보며 전혀 기억하지 못했던 안타까운 사실을 알았다. 나는 습관을 지속하고자 글을 이어 썼다. 다시 새로운 66일을 시작했던 것이다. 놀랍게도 30일을 더 쓰고 그만두었다. 뭐야…. 100일을 코앞에 두고 그만둔 거…? 66일 완성 후 얼마 못 가서 그만두었다고 생각하고 있었는데 거의 100일 가까이 지속한 것이었다.

아, 분하다. 66일이란 프레임에 갇혀서 100이란 숫자를 생각하지 못했다. 심지어 첫 100일 놀이를 시작한 시점과 겹치기까지 했는데…. 이렇게 억울할 수가!

그래서 내가 66일이 아니고 100일을 강조하는 거다. '평생, 하루도 빠짐없이'라는 부담을 내려놔도 된다. 물론 더 뛰어난 열정과 목표를 가진 분들은 100일을 성공한 후 쭉쭉 나가시는 분들도 있다. 101, 102…로 번호를 붙이고 네 자릿수를 향해 묵묵히 지속하는 것이다. 존경을 표한다. 하지만 난 100일 전문가니까 거기까지는 생각 말고 딱 100일, 일 년에 한 번 100일을 시작하라고 말하고 싶다. 100일 전문가인 나도 2020년에는 일 년에 1번 100일 프로젝트를 했다.

1년에 한 번이면 어떻고, 두 번이면 어떤가? 한 번도 안 해본 사람이 수두룩하다. 이 100일의 쾌감을 모르는 사람이 더 많다. 해본 사람만 아는 100일의 쾌감, 궁금하지 않은가?

작심 100일

작심 3일이라면 3일마다 목표를 세우면 된다는 말이 있다. 정말 실천해 본 사람이 한 말인지 의심스럽다. 난 '3일마다 목표 세우기'란 목표를 곧잘 잊어버렸으니까. '어, 벌써 3일이 훌쩍 지나버렸네? 에잇, 역시 난 안 돼.' 3일마다 목표 세우기가 익숙하지 않은 탓이다. 결국 그 말은 내 생각엔 그냥 듣기 좋은 위로일 뿐이다.

한 달도 아니고, 세 달도 아니고, 왜 꼭 100일을 매일 해야 할까?

마음먹고 3일만 해서 잘하게 된다면 얼마나 좋을까? 공부는 하기 싫고 시험만 잘 보고 싶을 때 이런 상상을 했었다. 신이 나에게 신비한 능력을 주셔서 시험을 잘 보는 상상 말이다. 찍었는데 다 맞았다든가. 갑자기 영어가 들린다든가 하는 그런 신비한 일이 생기면 얼마나 좋을까. 천릿길도 한 걸음부터? 한 걸음씩 천천히 걷다가 어느 세월에 천릿길을 다 가나 싶었다. 눈에 보이지 않고, 느낄 수도 없고, 내가 얼마만큼, 어디까지 왔는지 알지도 못한 채 꾸준히 매일 하라는 말은 가혹한 고문과 같다. 그러니까 3일째에 다른 급하고 중요한 일이 생기면 그쪽으로 가는 거다. 못하는 이유와 핑계는 100개도 더 만들어 낼 수 있다고 하지 않나.

100을 3으로 나누면 33.33333.....이다. 3일마다 계획 세우기를 33번 해야 한다. 그러다 보면 3일마다 계획 세우는 것을 잘하게 될 수도 있겠다. 잊어버리지만 않는다면 말이다.

1년은 365일이고 약 52주다. 주 1회씩만 한다면 한 해 동안 52번 할 수 있다. 100일과 52일. 횟수로 따졌을 때 일단 밀린다. 정말 사정이 생겨서 몇 번만 못한다고 해도 50번을 채우기 어렵다. 말이 일주일이지, 일주일이 얼마나 후딱 지나가는지 다 안다. 그래서 12월이 되었을 때 '벌써! 한 해가 다 갔어!'라고 느끼는 것이다. 몰아서 100일만 하자. 몰입의 힘이 있다지 않나.

결국 시간을 의식하며 사느냐 그렇지 않느냐의 차이다. 하루를 의식하고 주어진 시간에 감사하는 사람들은 이미 뭔가를 이뤘어도 크게 이뤘을 것이다. 예전의 나처럼 의식 없이 시간만 보내는 게 문제다.

평생 계속 하라는 것이 아니다. 딱 100일이다. 그동안 하고 싶었지만 하지 못했던, 포기했던 일들이 떠오른다. 다이어트, 운동, 어학, 악기, 강의와 자격증…. 어떤 일을 시작하고 지속하지 못하는 이유 중 하나는 변화가 눈에 보이지 않기 때문이다. 다이어트를 시작하고 매일 체중을 재지만 변화가 없다. 오늘 적게 먹었다고 내일 바로 쏙 빠지지 않기 때문이다. 그러다 먹고 싶은 음식 앞에서 무너진다. '역시 난 체질적으로 안 돼.'라며 포기한다. 어학도 마찬가지다. 매일 실력이 늘고 있다는 것을 느낄 수도 볼 수도 없다. 1% 정도는 늘었겠지만 아쉽게도 체감할 수 없기에 그만둔다. 각종 강의와 자격증을 보자. 너무나 많은 민간 자격증이 있다. 요구하는 수업을 꼬박꼬박 듣지만, 횟수만 채우고 돈으로 자격증을 산다. 오죽하면 '자격증 중독'이란 말이 나왔을까. 배웠다는 느낌과 '자격증'이라 찍힌 종이만 남는다.

100일 동안 하고 싶은 일들을 나열해 보자. 그리고 매일 결

매일 한 장씩 그려서 모인 마인드맵들. 넘겨볼 때마다 뿌듯하다.

과물을 볼 수 있는 것과 그렇지 않은 것으로 나눠 보자. 내 100일 놀이들은 매일 결과물을 확인할 수 있는 것들이다. 마인드맵도 매일 한 장을 완성하니 쌓여가는 스케치북이 있었다. 작은 그림이지만 매일 한 장의 그림을 완성한다. 성과물이 매일 쌓인다.

완성된 결과물이 없으면 사진으로 남기면 되지 않을까? 디지털 사진의 장점은 많이 찍을 수 있고 보관이 편리하다는 것이다. 하지만 그 사진들을 다 뽑아서 눈으로 확인하지는 않는다. 원할 때 찾아보는 정도다. 그것도 많아지면 찾기도 어렵다. 분류해서 파일로 다 정리하고 클라우드에 보관하는 사람도 있지만 그런 사람보다는 아닌 사람이 훨씬 많다. 정리하지 못한 채 용량만 차지하게 된다.

다이어트라면 매일 체중계의 숫자를 찍어서 모아둘 것인가? 재미없다. 엑셀이나 넘버스 같은 프로그램을 이용해서 그래프를 그리면 눈으로 확인은 가능하지만, 체중이란 것이 매일매일 내가 원하는 숫자로 내려가지 않는다. 내 행동과 결과의 불일치다.

2021년 6월부터 10월까지의 체중 변화다. 아름다운 우하

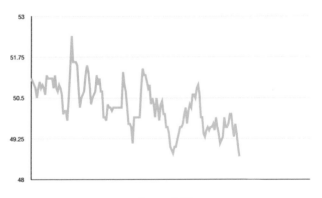

홍씨의 체중 변화

향 직선 그래프는 그려지지 않는다. 이것은 결과가 아니라 기록일 뿐이다. 우상향으로 가지 말자는 자각용 기록이다.

디지털 그림도 언제든지 찾아볼 수 있지만, 종이로 뽑아서 손으로 넘기며 봐야 직관적으로 했다는 느낌이 온다. 글쓰기도 마찬가지였다. 종이로 인쇄된 글 100장을 뽑으니 두께가 상당했다. '와~ 내가 이만큼을 쓴 거야?' 뿌듯해진다.

기록과 결과물을 구별할 필요가 있다. 기록도 분명 중요하다. 하지만 처음 100일을 도전한다면 '눈으로 보이는 결과'가 있는 것을 하는 게 좋다. 포기 없는 첫 100일 완주를 위한 필수 요소다. 운동은 부상이 있을 수 있고 몸이 아플 수도 있어서 비추천이다. 나도 1일 100스쿼트 100일, 간헐적 단식 100일을 했지만 눈에 띄는 변화가 없어서 100일 경력에 포함시키지 않았다. 이제 프로 100일러이기 때문에 눈에 보이지 않는 결과가 있는 일도 100일 동안 할 수 있지만, 처음 100일에 도전하는 사람에게는 운동은 권하지 않는다. 만족도가 떨어진다.

딱 100일만 해볼 수 있는 것을 찾아보자. 100일을 도전해볼 것인지, 지금처럼 주저하고 있을 것인지 결정할 때다.

더도 말고 딱 100일만!
100일을 얻을 것인가 잃어버릴 것인가

아줌마. 아주머니를 낮추어 부르는 말이다. 아주머니는 애를 낳은 여자, 결혼한 여자를 부르는 말이다. 난 결혼도 했고 애도 두 번이나 낳았으니 아줌마 맞다.

이 책은 아줌마가 쓴 책이다. 일하는 엄마도 아니고 영업하는 사람도 아니다. 아줌마의 100일 놀이는 순수하게 자아 발전, 자아 성취, 자아 만족을 위한 놀이다. 다행히도 100일 전문가가 되기 위해선 1만 시간까지는 필요 없다.

하루 1시간이라고 잡아도 100시간이다. 1만 시간의 1/100이다. 하루에 1%만 달라지면 된다는데 100일이면 100% 달라지는 거다. 나는 마인드맵 전문가가 되고 나서 매 새해를

100일 놀이로 시작한 지 4년 차다. 100일 놀이로 치면 7번 했으니 700일. 700% 성장한 셈이다.

현실이 마음에 안 들었지만, 그것을 바꾸기 위해 100일 놀이를 한 것은 아니었다. 100일을 하다 보니 내가 변해 있었다. 난 그냥 100일을 채우고 싶어서 이렇게 저렇게 방법을 바꿨을 뿐인데 행동이 변하고 습관이 변했다. 생각도 변했다.

천천히 조금씩 하다가 숨넘어가는 한국 사람이다. 난 그냥 100일, 확 휘몰아쳐서 하련다. 12월이 되었을 때, '어휴, 벌써?' 하는 생각이 들 때, 또 새해 계획을 세우기 전에, '아, 난 올해 100일 놀이를 했지.'라는 생각이 든다면 어떨 것 같은가? 올해를 뿌듯함으로 마무리하고 새로운 100일을 계획하며 새해를 기다릴 수 있다.

66일보다 만족도가 높고, 매일, 평생 지속하지 않아도 되는 100일 놀이, 충분히 매력적이다.

100일도 안 해보고 살기엔 시간이 많다. 실패의 기억이 스멀스멀 올라온다. 100일 놀이 성공으로 수많은 실패의 기억을 한방에 날려버릴 수 있다면 한번 도전해 볼 만하다. 100일이 정말 힘든 것이어서 성공한 사람이 나 하나뿐이었다면 이렇게까지 권하지 못할 것이다. 나 말고도 100일러(-er)들은 많다. 누구나 도전하고 성공할 수 있는, 작은 언덕일 뿐이다.

"마인드맵을 매일 한 장씩 죽을 때까지 그리세요."라고 했다면 내가 시도했을까? 100일이라는 데드라인이 있었기 때문에 '한 번' '시도'해 볼 수 있었다.

데드라인이 주는 효과

우리는 아무리 시간이 많아도 시간이 임박해서야 행동한다는 것을 수년간의 체험으로 익히 알고 있다. 애나 어른이나, 학생이나 직장인이나 다 같다. 마감이 있어야 한다. 그래야 끝나는 날을 바라보며 하루하루를 차곡차곡 쌓을 수 있다.

'언젠가 할(될) 것이다.'라는 막연함에 빠져 목표에 마감 기한을 정해 두지 않으면 달성 가능성이 희박해진다. 언제까지 할 것인지, 기한을 명확히 정해 두면 노르아드레날린이 분비되어 주의력과 집중력이 극대화된다. 그로 인해 자기 능력 이상의 힘을 발휘해 좋은 성과를 내는 경우가 많다.[*]

~~~~~~~~~~

[*] 복주환, 『당신의 생각을 정리해 드립니다』 218쪽

언젠가 시간이 생기면 해야지 했던 일들은 아무것도 하지 못했다. 시간이 생기면 하려고 했던 정리는 아직도 못하고 있고, 시간이 생기면 천천히 읽으려고 했던 벽돌 책들은 여전히 쌓여 있다. '언젠가'는 존재하지 않는 시간이다. 영원히 오지 않는다.

100일 놀이 데드라인에는 두 가지 의미가 있다. 첫 번째는 '100일'이라는 데드라인이다. 매일매일 평생 지속하지 않아도 된다. 일 년에 딱 100일만 해보자는 의미다. 두 번째 의미는 '하루'라는 마감일이다. 70일 동안 띄엄띄엄 하고 있다가 남은 날에 벼락치기해서 100개의 결과물을 만드는 것이 아니다. '오늘'이 지나기 전에 완성하자는 데드라인이다. 잘 되거나 안 되거나 100일 동안 하루 한 가지 완성이다.

100일 안에 있는 시간들. 모두에게 주어진 시간이다.

타인에게 기준을 맞추거나 너무 높은 기준을 잡으면 내가 힘들어진다. 그래서 마감이 중요하다. 마음에 안 들더라도 어제보다, 처음 시작한 날보다 나아졌다는 믿음으로 마무리를 해야 한다. 이것도 100번만 하면 된다. 뇌에게 난 오늘도 했다는 신호를 준다.

목표 달성까지 시간이 많아도 성과에는 크게 영향을 미치지 않는다. 그래서 우리가 새해 계획을 세워도 연말에 흐지부지되는 것이다. 1년이라는 긴 시간이 있으니까 지금, 당장, 바로, 하지 않는 것이다. '이것만 하고', '오늘은 컨디션이 나쁘니까', '진짜 새해는 구정이니까'와 같이 나중으로 미루는 이유는 셀 수 없이 무한하다. 연말에 다시 계획을 세울 때 연초의 계획이 무엇이었는지 기억조차 없는 건 다 이런 이유 때문이다.

여전히 '딱 100일? 말이 쉽지.'라고 의심의 눈초리를 보내는 분들이 여전히 계실 것이다. "정말 하나도 안 어려워요."라고는 말할 수 없겠지만, 그렇다고 못 올라갈 산은 절대 아니다. 숨만 쉬고 살던 나도 했다. 하다 보니 8번을 하고 있다.

의식하지 않는 100일은 그냥 흘러간다.

그러니 딱 한 번만 100일 GO!

꼬리에 꼬리를 물고 이어지는
100일 놀이들 1
(홍씨의 나홀로 100일 놀이)

100일 놀이는 혼자서 해도 되고, 여럿이서 해도 된다. 혼자서 하는 경우에는 중간에 포기해도 누가 뭐랄 것 없어서 편하지만, 그만큼 외롭고 지루한 구간이 분명 있다. 하지만 하고 싶은 것이 생겼을 때, 일단 시작하고 볼 수 있다. 나 혼자니까. 함께할 사람을 모을 필요도, 그런 그룹이 있는지 알아볼 필요도 없다. 혼자서 했던 놀이들을 먼저 소개해 보겠다. 첫 100일 놀이는 혼자였다.

손으로 그린 마인드맵 100일

첫 번째 100일 놀이는 손으로 그린 마인드맵(2018.7.15.~10.22.)이었다. 마인드맵이란 것을 처음 알게 된 건 대학생 때였다. 외국에서는 아주 보편적으로 쓰인다는 말도 들었지만 당장 주변에서 사용하는 사람도 없었고, 어떻게 해야 할지도 몰라 흐지부지 잊어버렸다.

창시자는 토니 부잔이다. 뇌의 시냅스 모양처럼 생각의 가지를 그리는 방법이다. 실제로 이 방법으로 공부한 학생들이 효과를 보고 유명해졌다. 토니 부잔의 마인드맵 책도 아주 많고(정말 떼돈 벌었을 듯) 다른 저자들의 책도 많지만 역시 책만 읽어서는 감이 안 온다. 비싼 강의를 듣는다고 해도 머릿속에서 가지가 자라나지 않는다. 100일 동안 직접 그려 보는 게 최고다.

100일 100장의 마인드맵을 그리려면 100개의 주제가 필요하다. 처음부터 내 생각 정리를 목표로 마인드맵을 그렸으면 100장을 채우지 못했을 것이다. 생각이 있어야 정리를 하지….

처음부터 거창하게 시작하지 말자. 짧고 어렵지 않은 내용이 좋다. 아이가 있다면 어린이 신문이나 일반 신문의 어린이

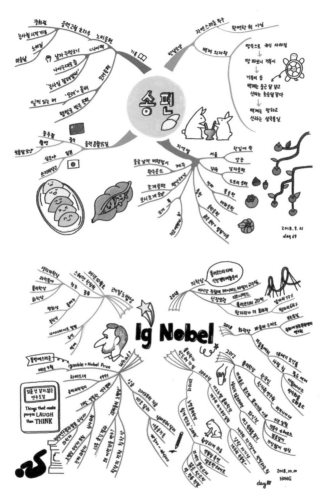

어린이 신문을 보고 그린 마인드맵들.
이후 매년 먹던 송편이 다시 보이고, 해마다 이그 노벨상을 찾아보게 되었다.

코너를 함께 정리해 보는 것을 추천한다. 한국사나 과학 교과서도 좋다. 공통 대화 주제도 생기고 아이의 읽기 능력과 요약 능력도 확인할 수 있다. 나도 어린이 신문 내용을 주로 정리했다.

한 장 한 장 그려 몇십 장만 모아 놔도 그동안의 실력 향상을 눈으로 확인할 수 있다. 단점은 수정이 어렵고 종이 크기만큼만 그릴 수 있는 제약이 있다는 점이다. 내용 요약보다 그리고 꾸미는 데 너무 몰입하지 않도록 주의한다. 간단하고 빠르게 그리는 연습을 하면 더 좋다. 난 타이머로 시간을 쟀다.

자신의 내면 생각을 정리하고 싶다면, 있는 내용을 정리하는 것이 아니기 때문에 시간이 좀 더 소요될 수 있다. 여행이나 휴가를 다녀와서 그리는 마인드맵도 좋았다. 여기저기서 받은 팸플릿이나 티켓, 갔던 곳, 먹은 것 등을 정리하고 버릴 것은 버리면 된다.

내면을 들여다보기 위해 마인드맵을 그린 것도 아니었고, 목표와 꿈을 찾기 위해 그리기 시작한 것도 아니었다. 매일 읽고 그리는 것이 좋았고, 내 손에 결과물이 있는 것도 좋았다. 마인드맵을 잘해서 뭘 해보겠다는 생각으로 시작한 것은 더욱 아니었다. 처음부터 '나'를 생각하고 시작한 것은 아니었는데도 마인드맵이란 사고방식이 장착되고 나니, 내 생각이 정리되고, 내 생활이 정리되기 시작했다.

인쇄용 A4용지엔 그리지 않았으면 좋겠다. 얇아서 폼이 나지 않는다. 뒤가 비치지 않을 만큼 도톰한 종이로 된 노트를 추천한다. 큼직하게 그리기엔 8절 스케치북이 편하지만 휴대를 생각하면 펼쳤을 때 A4 크기가 되는 것이 좋다. 너무 가늘지 않은 피그먼트펜이나 유성펜으로 테두리를 그려야 수성 사인펜 등으로 칠했을 때 번지지 않는다.

지금 시각으로 마인드맵을 돌아보니 펜과 종이에 대한 아쉬움이 많이 남는다. 처음엔 100일을 하려고 시작한 것도 아니었기에 어린이용 스케치북과 집에 굴러다니는 필기구들을 사용한 것이라 결과물의 질이 아쉽다. 완성도가 높지 않지만 100일 놀이의 불씨가 되었고 변화의 시초가 되었기에 마인드맵에 대한 애정은 각별하다.

디지털 마인드맵 100일

두 번째 100일 놀이(2018.10.28.~2019.2.4.)다. 아무래도 손으로 쓰는 것보단 자판이 편한 시대다. 디지털 마인드맵 도구도 여러 가지 있지만, 난 무료 프로그램인 Xmind를 이용했다. 처음 배울 때는 MindManager라는 프로그램을 썼지만 심하게 비싸다. 알마인드란 프로그램도 있다. 원리는 비슷해서 어떤 걸로 해도 좋다.

디지털 마인드맵의 장점은 뭐니 뭐니 해도 빠르다는 점이다. 자판과 몇 개의 단축키만으로 마인드맵 가지를 휙휙 만들고 쓱쓱 지울 수 있다. 손으로 그리다 디지털로 하니 날로 먹는 기분이 들었다. 이렇게 쉬워서 되나 싶을 정도였다. 실시간으로 강의나 회의를 기록하는 데 아주 유용하다. 수정도 간편하니 고치느라 흐름을 놓칠 염려도 없다. 지면의 제약이 없으니 많은 내용을 담을 수 있다는 점도 편리하다. 디지털이니 공유하기도 매우 좋다.

단점은 내용이 많아 마인드맵의 크기가 커지면 A4 종이에 출력하기 어렵다는 점이다. 출력하면 글씨들이 깨알 같은 벌레로 보인다. 회사에서야 큰 종이에 출력할 수 있지만, 가정에서는 거의 불가능하다. 노트 필기한 것처럼 아웃라이너 모드로도 출력 가능하지만 이건 마인드맵의 장점을 전혀 살리지 못한다. 마인드맵의 장점은 한 장으로 정리가 가능하다는 점인데, 이건 여러 장으로 출력된다.

생각이 많으신 분들은 마인드맵으로 생각 정리는 물론 인

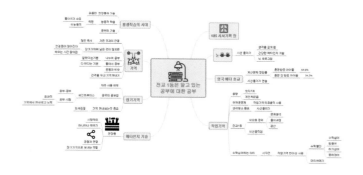

동영상을 보면서 그린 디지털 마인드맵.
쉽고 빠른 것이 장점이지만 손으로 만질 수 없는 것은 단점이다.

생 설계, 사업 설계까지 하시던데, 역시나 내 생각을 나도 모르는 홍씨는 이것도 남의 것을 정리했다. 유튜브를 이용했다. 유튜브에는 유명하고 똑똑한 분들의 강의가 넘쳐난다. 하지만 너무 많아서 다 찾아보기도 힘들고 봐도 기억에 남는 것은 별로 없다. 이럴 때 들으면서 마인드맵으로 쫙 정리하는 거다.

처음엔 '세상을 바꾸는 시간, 15분'(이하 세바시) 같은 짧은 강연을 주로 봤다. 그러다 '어쩌다 어른' 같은 예능형 교양 강의와 EBS 다큐를 봤다. 재미있는 것은 마인드맵으로 정리하며 보면 어느 부분이 편집되었는지 유추가 된다. 분명 이 부분에 내용이 더 있었을 텐데 시간상 편집되었나 보다 싶은 부분이 보인다. 큰 흐름을 볼 수 있는 감각이 생기는 것이다.

100장의 마인드맵을 그리기 위해 난 100편의 강의를 들은 셈이다. 그것도 아주 능동적으로 듣고 100장을 채우니 삶의 변화가 생기기 시작했다. 질 좋은 강연 내용 때문이었을까? 마인드맵 때문이었을까?

간혹 마인드맵용 강의를 찾다가 다른 곳으로 빠질 가능성이 높다. 100일 시작 전에 강의 4~50개를 미리 찾아 따로 폴더를 만들어 저장해 놓으면 바로 시작할 수 있다. 나는 주로 좋아하는 강사나 주제로 찾아 모아 놓는다. 이 단계를 넘으면 현장 강의에서 노트북을 펴놓고 실시간으로 마인드맵을 정리할 수 있다. 그래서 현장 강의를 신청하면 책상이 있는 강의실인지 의자만 있는지 먼저 확인하게 된다.

디지털 마인드맵을 시작하기 전에 먼저 손으로 그리는 마인드맵에 익숙해지는 것을 권하고 싶다. 토니 부잔은 디지털 마인드맵은 인정하지 않는다고 한다. 디지털이 빠르고 편한 것은 맞지만 오리지널은 손으로 그린 마인드맵이다. 앞에서 말했듯이 디지털로 작업한 마인드맵은 출력하지 않으면 손으로 만질 수 없는 게 제일 아쉽다.

오일 파스텔 드로잉

혼자서 한 놀이로는 여덟 번째 100일 놀이(2022.1.1.~4.10.)
이다. 예전에 무턱대고 시작했다가 중간에 포기를 하고 말았
다. 그러다 2022년에 혼자 하는 100일 놀이로 재낙점되었다.
실패 후 다시 마음을 먹고 시작했다. 1/3만 지난 시점에서도
첫날 그린 것과 확연히 다르다. 이 맛에 100일 놀이 하는 거
다. 나의 변화를 내가 감지하는 것. 짜릿한 기분이다. 어쩌다
한번 '오늘 그림이나 그려 볼까?'하며 그린다면 잘 될까? 탁
월한 재능이 있거나 전공자면 될지도 모르겠지만 난 이 두 가
지에 해당 사항이 없다. 그런데도 잘 하고 있다. 고기도 먹어
본 사람이 더 잘 먹는다고 하지 않나? 100일 놀이는 어떤 사
람이라도 하면 할수록 잘 하게 된다.

100일 동안은 오롯이 오일 파스텔 그림만 눈에 들어온다.
다른 그림 재료로 그린 것도 오일 파스텔로 그리려면 어떻게
해야 할지 고민했다. 오일 파스텔 드로잉을 검색하면 풍경,
하늘, 꽃이 유독 많다. 모두 내가 잘 못 그리고 관심 없는 그림
주제들이다. 그래도 시도는 해봤다. 창문 밖으로 보이는 노을
진 하늘을 보면서 오일 파스텔을 떠올렸고, 수능 문제집 표지
를 보면서도 오일 파스텔을 생각했다.

2024.10.19. 승미

수능 표지도 그리고 타이머도 그리고, 주변의 것들이 다 그림 소재가 되었다.

뭉툭하고 무른 재료의 특성상 과감한 생략과 거친 느낌을 살려야 하는데 그게 참 어려웠다. 그렇다고 색연필로 세밀화를 그리기는 싫고. 갈팡질팡하면서 나름대로 예술적인(?) 고민을 많이 했다.

이 나이에 재능, 끈기 같은 말 하지 말자. 답은 100일이다. 100일을 해보면 안다.

꼬리에 꼬리를 물고 이어지는
100일 놀이들 2
(함께 한 100일 놀이)

나 홀로 2번의 100일 놀이를 하고 난 후 그룹에서 다 같이 100일 놀이를 했다. 다 같이 하니 든든하다. 난 혼자가 아니야. 온라인상의 그룹이었지만 유대감은 생각보다 강했다. 다른 사람의 결과물을 보는 재미도 있고 내 것을 보여주는 재미도 있다. 비교는 하지 말자. 나는 나대로, 남은 남대로. 각자의 속도와 실력으로 100일 놀이를 즐겨야 한다. 남이 아니라 어제의 나와 비교해야 한다.

종이에 그린 그림 100장

세 번째 100일 놀이(2019.1.1.~4.10.)는 다른 사람들과 함께

했다. 학교 다닐 때도 미술 잘한다는 소리는 한 번도 들어본 적 없었다. 그냥저냥 숨만 쉬며 살았는데 그림이라고 잘 그렸을 리가 없다. 그림을 취미로 그린다는 것은 한 번도 생각해 본 적이 없다. 관심도 없었던 그림을 100일이나 그리겠다고 도전한 건 무모한 자신감 때문이었다. 벼는 익으면 고개를 숙인다지만, 이때는 두 번의 100일 성공으로 자신감이 하늘을 찌를 때였다. 뭐든 못 하리오.

아마 이때 혼자 했으면 100일 성공 신화가 처참히 깨졌을지도 모르겠다. 주제도 정해져 있고 작은 크기의 종이에 그리는데도 왜 이렇게 힘든지. 30일까지는 그리는 자체가 힘들었다. 그리기 책 제일 앞에 왜 항상 선 긋기 연습이 있는지 이때 알았다. 잘 못 그릴까 봐 연필로 스케치를 하고 그 위에 그리는데도 선이 떨린다. 색을 칠할까 말까 망설인다. 괜히 칠했다가 망칠까 걱정이다. 그러다 색을 칠한다. 이때도 꽉꽉 힘주어 칠할 수 없다. 망칠까 봐.

이렇게 조마조마한 마음이 약 30일 정도 간다. 입시를 치를 것도 아닌데 자꾸 실물과 똑같이 그리지 못해서 속상했다. 고작 30여 일 그린 실력으로 그런 욕심을 냈다. 함께하는 그룹이 없었으면 이런 욕심 때문에 그만두었을지도 모른다. 한편

으론 같이 한 다른 사람들의 그림을 보는 것도 큰 도움이 되었다. 같은 주제지만 같은 그림은 한 장도 없었다. 잘 그린 그림을 따라 그려도 똑같은 그림이 되지 않았다. 100일을 그린 것과 더불어 다른 사람의 그림을 감상하는 법, 그룹으로 함께 100일 놀이를 하는 법, 사물을 관찰하는 법 또한 배운 시간이었다. 졸업 후 한 번도 써본 적 없는 물감, 색연필 같은 미술 도구를 사용해 보는 것도 재미있었다. 예쁘고 좋아 보이는 그림 도구들이 이렇게 많다니. 종이의 종류가 이렇게나 많았구나. 돈 없으면 미술 전공 못 한다는 말이 이제야 이해가 되었다.

새로운 세계에 눈을 떴다. 이것도 궁금하고 저것도 궁금하다. 결국 하나 질렀다. 파버카스텔 아티스트 펜 브러쉬 60색이다. 내 새끼라며 애지중지 김씨들 손도 못대게 했는데…. 지금은 뽀얗게 먼지만 쌓이고 있다. 디지털 드로잉으로 넘어간 탓이라고 변명을 해본다.

그림 100장을 스캔해서 인디자인으로 책을 만들었다. 인디자인 워크숍을 듣고 만든 거다. 지금 다시 만들라면 못 만든다. 다 잊어버렸으니까. 1회성 배움이 휘발되어 버린 증거다. 인디자인도 100일 했으면 전문가가 되었을 텐데 말이다. 엑셀이 하나도 기억나지 않는 것처럼 이것도 기억나지 않는다.

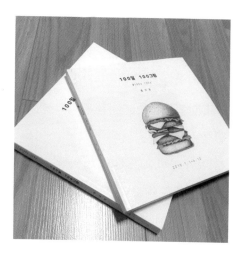

그림 100장을 스캔한 후 인디자인으로 만든 드로잉북.
세상에 단 두 권만 있는 희귀본이다. 하하하.

그래픽 레코드 비주얼씽킹 100일

네 번째 100일 놀이(2019.7.1.~10.18.). 이번엔 그래픽 레코드 비주얼씽킹이다. 정진호 선생님이 그래픽 레코드 비주얼씽킹 워크숍을 하신단다. 내 롤 모델인 선생님의 수업은 다 듣고 싶다. 근데 문제가 있다. 디지털 장비가 없다. 태블릿이나 아이패드가 있어야 하는데 둘 다 없다. 하아, 어쩐담? 저렴한 태블릿을 살까 고민하다 큰 맘 먹고 아이패드를 질렀다. 나름 소심한지라 제일 저렴한 걸로 샀다, 하하하.

이렇게 홍씨의 디지털 라이프가 시작되었다.

비주얼씽킹도 한 장 요약이라는 점은 마인드맵과 같다. 말 그대로 '비주얼'적인 요소가 더 많이 강조된 것이라 보면 이해하기 편하다. 마인드맵은 가지를 이용하지만 여기서는 그림과 기호, 글을 사용해서 정리한다.

'그림'에서 진입 장벽을 느낄 수는 있으나 말이 그림이지 아주 간단한 기호 정도를 그릴 수 있으면 된다. 그렇게 기호 같은 그림으로 어설프게 시작하지만 그것도 100일 앞에선 와르르 무너진다. 100일의 힘이 더 세다. 시간과 품이 더 들어가는 것은 사실이나 편하게 그린 디지털 마인드맵보다 머리에 더 많이 남는다.

손으로 그리는 마인드맵처럼 종이와 펜으로 그려도 된다. 나의 경우 종이에 몇 장 그리고 바로 디지털로 넘어갔다. 아이패드와 애플펜슬을 장만했으니까. 내가 산 것은 아이패드 6세대라 '프로크리에이트'가 깔려 있지 않았다. 무료인 '오토데스크 스케치북'을 사용했다. 화려한 작품을 그리는 것이 아니기에 충분했다.

다시 앞의 내용을 생각해 보자. 내가 제일 처음 들었던 수업은 비주얼씽킹이었다. 하루 즐겁게 들은 수업만으론 아무

것도 되지 않는다. 배웠다는 기억만 있다. 직접 해 봐야 내 것이 된다. 비주얼씽킹도 익숙하지 않은데 아이패드와 펜슬, 오토데스크 스케치북에도 익숙해져야 해서 처음엔 고생을 좀 했다. 지금 초반에 한 것을 보면 미흡한 점 투성이라 수정하고 싶지만 꾹 참고 그냥 둔다. 발전한 내 모습의 증거를 남기기 위해서다.

종이 질감 필름을 붙이면 사각거리는 소리도 나고 덜 미끄러지는 장점이 있다. 대신 펜촉이 금방 닳는다. 큰 맘 먹고 장만한 아이패드라 이걸로 그림도 그리고 노트북 대용으로 사용해야 했기에 종이 질감 필름을 붙이지 않고 사용했다. 필름을 붙이면 화면이 약간 뿌옇게 된다.

출력하면 있어 보이는 결과물도 장점이다. 난 100장을 모두 출력했다. 포인트는 일반 A4용지가 아니라 'A4 무광 사진 용지'이다. 100일을 한 것도 뿌듯하고 자랑스럽지만, 화면으로만 보지 않고 직접 손으로 넘겨가며 보면 감동의 물결, 아니 감동의 폭포가 쏟아진다.

딱 이때였다. 이것을 어디 자랑하고 싶은데 자랑할 수 없어 안타까워하던 딱 그때. 그 당시 중학생이었던 첫째 김씨가 가정통신문을 가져왔다. 학교에서 전시회를 하는데 학부모 작품도 전시한다는 내용이었다. '오! 이건 하늘이 주신 자랑 기회야!' 난 내 그림들과 출력한 그래픽 레코드를 파일에 넣어 첫째 김씨 손에 들려 보냈다.

전시가 시작되고 첫째 김씨는 유명해졌단다. 교실에 들어오시는 선생님마다 김○○가 누구냐고 찾았단다. 너희 엄마 작품 봤다며 칭찬을 했다고 한다. 한 장만 봐도 놀라운데 몇십 장을 모아 보니 더 충격이 컸겠지요. 하하하. 줄을 서서 움직이며 관람하던 학생들도 내 그래픽 레코드 앞에서 멈추는 바람에 병목 현상이 벌어지기도 했다고 한다. 하이라이트는 이 부분이다. 내 그래픽 레코드에 감동하신 선생님께서 강의를 요청하셨다는 거다. 난 교사 연수 강사로 초빙되어 비주얼씽킹 강의를 했다. 짜잔~ 홍씨의 강사 데뷔였다.

비주얼씽킹을 하기 위해 주제를 찾을 때는 유튜브의 좋은 강의를 활용하면 좋다. 하지만, 유튜브를 이용할 땐 주의할 점이 있다. 뭘 볼까 찾다가 이것저것 눌러 보느라 시간을 다 보내기 쉽다. 그리고 좋은 내용이라도 너무 길면 정리하기가 어렵다. 난 TED-Ed 영상 중 관심 있는 주제를 골라 따로 모아두었다가 사용했다. 길이는 보통 5분 내외다. 처음 볼 때는 전체를 다 보면서 내용을 파악했다. 그리고 다시 보면서 멈춤

TED-Ed ⟨The science of spiciness(매움의 과학)⟩ 비주얼씽킹

과 재생을 반복하며 정리했다. 처음엔 오래 걸렸지만 반복하다 보니 점점 시간도 줄어들었고 요령도 생겼다.

비주얼씽킹도 배우는 것은 하루면 충분하다. 하지만 연습을 통해 내 것으로 만드는 시간은 100일이다.

배우고 싶으면 절 부르세요.

디지털 드로잉 100장

다섯 번째 100일 놀이(2020.1.1.~4.9./2021.1.1.~4.10.)는 디지

털 드로잉이었다. 그래픽 레코드를 했기 때문에 디지털 드로잉으로 빨리 넘어갈 수 있었다. 아이패드로 유튜브만 봐서 미안하다는 사람도 있고, 어떻게 해야 할지 막막하다는 사람도 있다. "100일 하면 됩니다." 뭐만 하려 하면 100일 하라고 한다. 100일 전문가니까 할 수 있는 처방이다. 어쩌다 한번 하는 것으론 익숙해질 수 없다. 구구단을 외울 때 제대로 다 외워야지, 어쩌다 한번 구구단을 외우다간 졸업할 때까지 다 못 외운다.

무겁긴 하지만 휴대하기 좋아 틈날 때 그리기 좋다. 종이, 연필, 지우개, 붓, 물통, 팔레트…. 하나도 챙길 필요 없고 정리할 필요도 없다. 사용법 때문에 진입 장벽이 높은 것 같지만 준비와 정리가 필요 없어 진입이 쉽기도 한 것이 디지털 드로잉이다.

디지털 기반의 세상이라 활용도가 높은 것이 장점이다. 내가 그린 그림으로 나만의 굿즈를 만들기도 쉽다. 이것도 손으로 만질 수 없는 그림이니 꼭 출력하거나 책으로 제본해서 보관해야 만족도가 높다.

디지털인데 마치 종이에 그린 것 같은 그림을 그릴 수 있다. 망칠까 봐 소심하게 고민할 필요가 없다. 브러시가 너무

아보카도와 유대감이 있어서인지 아보카도 그림은 다 따라 그려 보고 싶다.

많다. 다 써 보지 못할 정도다. 수정이 편한 점은 장점이자 단점이다. 완벽한 작품을 만들고 싶은 욕심에 하염없이 수정하고 있는 경우가 허다하다. 하지만 디지털에 익숙해지니 다시 종이로 돌아가기 어려워진다.

디지털 드로잉에 익숙해지니 하고 싶은 게 또 생긴다. 일러스트도 그릴 수 있을 것 같고, 이모티콘 그리기에도 도전해 보고 싶다는 생각도 든다. 또 하나의 무기 장착이다.

100일 100장 글쓰기

여섯 번째 100일 놀이(2021.3.2.~6.9.)는 글쓰기였다. 요리 대가 선생님이 하는 프로그램이든, 예능 형식으로 연예인들이 여럿 나오는 것이든, 아님 유튜버의 요리든 그냥 보고 있으면 너무 쉽다. 나도 금방 할 수 있을 것 같고, 생각보다 어렵지 않네, 싶게 아주 간단하고 쉬워 보인다. 하지만 막상 요리를 시작하면 '역시, 그럼 그렇지.' 싶다.

마트에 가서 재료를 사고, 씻고, 손질하는 것부터 일이다. 요리 영상엔 손질된 재료를 바로 썰어 쓴다. 들어가는 양념도 여기저기서 다 꺼내야 한다. 양념 칸에 있는 것도 있고 냉장고에 있는 것들도 있다. 모두 집합시켜 뚜껑을 연다. 밥 숟가락이든 계량스푼이든 꺼내들고 시작한다. 이거 한 숟갈, 저거 두 숟갈…. 조리대가 좁으니 다시 양념들을 정리한다. 모두 제자리로! 가스 불을 켜고 요리를 시작한다. 먹는다. 이제 다시 시작이다. 치울 것이 한 가득이다. 만드는 데 1시간이지만, 먹는 데에는 길어 봤자 20분을 못 넘긴다. 치우는 데에 또 1시간이다.

이러니 '사먹고 말지.'란 말이 나오지. 요리 프로그램에서는 이런 귀찮은 과정들을 모두 보여 주지 않는다. 편집된 영

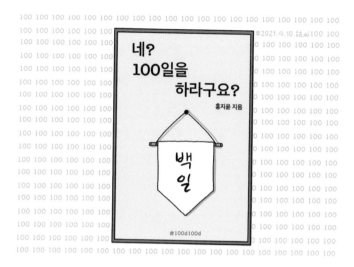

네?
100일을
하라구요?

홍지윤 지음

#2021.4.10 소망☺100

백
일

#100d100d

책 출간 소망을 담아 그렸던 그림. 1년 반이 지나서 성취했다.

상을 보고 착각한 내가 어리석은 거지.

이런 착각은 요리에서만 있는 것이 아니었다. 책을 읽으며 '에이, 이 정도는 나도 쓰겠다.'라고 생각한 적이 없는지? 드라마를 보며 "에휴, 또 출생의 비밀이야. 내가 드라마 작가 해도 되겠다."라고 하는 우리 엄마처럼, 난 김씨들이 S대에 가면 글이 술술 써져 책을 낼 수 있을 거라고 생각했다. 그동안 해본 것들을 기록하는 거니까 어려울 거라고 생각하지 않았다. 쉽게 읽힌다고 쉽게 써지는 것은 아닌데, 난 그걸 몰랐다.

이 무지함을 깨운 놀이가 있었으니 그것은 100일 글쓰기였다. 100일 동안 매일 하루 한 장의 글을 쓴다. 분량은 A4 2/3 이상이다. 글씨 크기 10포인트, 줄 간격 160%. 가독성 떨어지는 규칙이라 생각했지만 분량 측정을 위해서 그런가 보다 했다. 글쓰기는 처음이지만, 나 홍씨는 100일 전문가이기에 만만하게 생각하고 시작했다. 김씨들의 만행만 적어도 충분할 것 같았다.

착각쟁이 홍씨 같으니. 학교를 졸업하고 아래 한글을 쓴 적이 없었다. 눈으로 보는 A4 한 장의 양과 자판으로 치는 한 장의 양은 차이가 너무 컸다. 새벽에 일어나 한참 자판을 쳤는데 겨우 반 장이다. '하아, 뭘 더 써야 하나, 만만한 게 아니었어.' 이 100일 글쓰기를 해보지 않았다면 여전히 언젠가 책을 쓸 거라는 착각에 계속 빠져 살았을 거다. 머리가 띵하다. 막연하게 글을 써야겠다고 생각만 하고 있었지, 블로그조차 버려두었고 매일 열 줄도 안 쓰고 있었다. 나야말로 생각이 있는 거니 없는 거니. 김씨들에게 머리는 모자 쓰라고 있는 게 아니라 생각하라고 있는 거라고 잔소리했는데. 내가 메타인지 제로다. 100일 글쓰기가 나에게 준 가르침이다.

언젠간 해야지 하다가 늙어 죽는다. 이럴 땐 강제 시스템으

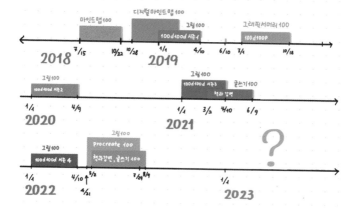

로 들어가는 것이 제일 빠른 방법이다. 글이라곤 페이스북에 끄적거려 본 게 다였는데 글쓰기 100일 놀이 도전을 계기로 내 현 상태를 알게 되었다. 역시 생각과 실제 사이엔 거리가 있다. 직접 해보지 않으면 알 수 없다. 글쓰기가 유행하는 지금 이런 시스템을 이용하게 된 것은 행운이다. 글쓰기 수업에 돈을 내기 전에 내가 얼마만큼 할 수 있는지 알아볼 수 있는 좋은 기회다. 글쓰기 수업은 아주 많아졌다. 자서전 쓰기 수업만 듣고 실제로 쓰지 않는 분도 여럿 봤다. 100일 100장 글쓰기를 해보지 않고 무작정 책 쓰기에 달려들었으면 어땠을까? 수업료와 집필 능력 사이에 껴서 울고 있지 않았을까? 울다 포기했을지도 모르겠다.

확실히 처음 쓴 글과 90일쯤부터 쓴 글은 차이가 난다. 이 맛에 100일 놀이한다.

여전히 뭘 할지 모르겠다면
마인드맵

100일 놀이는 해보고 싶은데 여전히 뭘 해야 할지 모르겠다는 분들 손! 그 마음, 너무도 이해된다. 엄두가 안 나는 그 마음 말이다. 그럴 땐 마인드맵부터 시작해 보시기 바란다. 어디서 들었는지 정확히 기억나진 않지만 정리되지 않은 자료는 다 쓰레기라고 했다. 너무 심한 표현 같기도 하지만 아니라고 부정할 수도 없다. 수업 시간에 열심히 필기하면 뭐 하나. 다시 안 보면 종이와 필기구 낭비일 뿐이다. 게다가 내 주변 물건부터, 내 생각, 내 마음까지 아무것도 정리된 게 없다. 어떻게 정리해야 하는지 모른다.

그래서 마인드맵을 권한다. 복잡하고 시끄러운 내 생각은 일단 그냥 두자. 글씨만 쓸 수 있다면 누구나 할 수 있는 게 마인드맵이다. 특별한 재료도 필요 없다. 종이와 펜만 있으면 된다. 색깔 있는 펜이 몇 개 더 있으면 좋고. 재능은 더욱 필요 없다.

요즘 무료 강의도 많고 소액의 수강료를 받는 강의도 많아졌다. 경제 관련 소모임도 많다. 배움과 정보는 차고 넘친다. 그 많은 것을 어떻게 할 것인가. 다 기억할 수 있을까? 때때마다 찾아볼 것인가? 어린이 신문이든 경제 칼럼이든 주로 보는 것을 골라서 딱 100일만 마인드맵으로 그려 보자. 이것이 모든 정리의 시발점이 된다. 남의 생각, 남의 정보를 마인드맵으로 그렸을 뿐인데 그 생각과 정보가 내 머리와 마음에 남는다. 다시 보기도 정말 편하다. 한 장으로 정리하니 한눈에 들어온다. 내가 정리한 것이라 쓱 보기만 해도 기억이 난다. 한 장 한 장 모이는 재미도 쏠쏠하다. 마인드맵 아래 날짜와 번호를 매긴다. 번호 숫자가 커질수록 더 채우고 싶은 마음이 생긴다.

마인드맵 그리기는 이렇게 하라는 책도 많고, 자격증 강의도 많다. 하지만 기억하자. 뭐가 됐든 100번도 안 해 보고 전문가라 할 수 없다. 마인드맵 강의 100번 들어도 100일 그린 것과 같을 수 없다.

정보 정리에서 슬슬 내 정리로 넘어오게 된다. 정보 정리 마인드맵을 그리며 맵을 그리는 스킬을 충분히 터득했기 때문에 이제 내 생각을 풀어 마인드맵을 그리면 된다.

언젠가 다시 보려고 했던 것들이 쌓여있다면 마인드맵 100일로 싹 정리하자. 쓰레기가 보석 같은 자료로 재탄생할 수 있다. 어쩌다 띄엄띄엄 하면 점점 더 어렵게 느껴지고, 계속 미루게 된다.

100일 동안 매일이다.

3장

지금부터
딱 100일

스킬이 장착되는 시간
100일

세상에는 많은 힘이 있다. 과학에서 많이 쓰이는 중력, 압력, 탄력, 자기력부터 개인이 가지는 매력, 체력, 학력도 있고 애쓴다는 의미의 노력, 실력, 능력, 의지력도 있다. 청소나 정리를 잘하는 것도 능력이라 정리력, 청소력이라는 말을 쓴다. 나는 100일 놀이를 지속하는 힘을 '100일력♪'이라고 부르기로 했다. 한 가지 일을 100일 동안 지속하는 힘이다. 분명 재능은 아니다. 딱 100일만 지속하는 것이니 끈기와는 또 다르다.

잘하는 사람을 부러워만 했고, 노력 같은 것은 내가 해봤자 안 되는 영역이라고 생각했다. 그러나 『습관의 힘』(찰스 두히그 저)이라는 책에서는 이렇게 나온다. 체육관이든, 돈 관리 프로그램이든 삶의 한 부분에서 의지력을 강화하면, 그 강화된 힘이 식습관과 일하는 자세에 긍정적인 영향을 미쳤다고 한다. 의지력 근육이 강화되면 좋은 습관이 삶의 다른 부분에까지 스며든다는 것이다.

나는 물에 술 탄 듯, 술에 물 탄 듯 항상 조용히 있는 사람이었다. 목소리가 큰 것도, 말솜씨가 뛰어난 것도 아니었다. 재미는커녕 의견을 내는 법도 없고 반대도 없었다. 남의 의견을 그냥 따라가는 편이었다. 끈질김? 그런 것도 없고 파고드는 성미도 아니었다. 그런 그림자 같았던 내가 달라졌다.

나를 소개할 말이 생겼다. '100일 전문가'라고 하면 다들 눈을 동그랗게 뜨고 묻는다. "100일 전문가가 뭔가요?" 대화의 물꼬가 트이는 순간이다. 다른 사람 이야기만 듣고 부러워만 했던 나에게도 말할 거리가 생긴 것이다. 독서 모임에 가면 자진해서 기록한다. "마인드맵 전문가가 정리할게요." 전에는 상상할 수 없었던 적극성이다.

만 나이로도 외모로도 어린 나이는 확실히 아니다. 하지만 젊고 팔팔했던 그때를 그리워하며 살 이유가 없다. 앞으로 살아온 것 이상의 시간이 있음이 감사하다. 앞으로 해보고 싶은 100일 놀이들이 줄 서있다.

쥐꼬리 같은 의지에 의존하지 말자. 별 도움 안 된다.

　우리가 어떤 일을 지속하는 것을 습관이라고 한다. 나는 주제 글쓰기를 66일을 훌쩍 넘게 했는데 왜 습관이 되지 않았을까? 왜 실패했을까? 습관이 완전한 형태로 발전하는 데 21일 혹은 60여 일이 걸린다는 주장은 근거가 없단다. 어쩐지. 거의 90일을 반복했지만, SNS에 올리지도 않았고 매일의 성공을 자축하지도 않았다. 나를 위한 일이라는 동기도 없었고 별 도움 안 되는 의지조차 쥐꼬리만큼이었다. 뇌에 긍정적인 경험이 없었으니 시간과 노력을 들이고도 실패할 수밖에 없었다. 100일은 습관을 들이는 시간이 아니다. 스킬을 장착하는 시간이다.

　코로나19로 만남은 어려워졌지만 배움은 쉬워졌다. 배울 거리가 넘친다. 무료 강의는 물론 커피 값으로 들을 수 있는 강의도 넘친다. 강의 중독 시대가 열렸다. 물리적 공간이 없으니 강의를 듣기 위해 이동할 필요도 없다. 많은 배움의 기회에 시간과 비용을 들이지만, 그 다음엔? 배웠다는, 해봤다는 만족감만 가지고 다음 배움을 고를 것인가? 무엇을 배웠던지 간에 딱 100일 동안 연습해 봤는지 스스로 돌아봐야 한다. "음~ 나 그거 배워 봤어."와 "나 100일 동안 매일 해봤어."의 수준은 차원이 다르다.

배움이 내 것이 되는 시간 100일, 스킬이 장착되는 시간 100일, 학學이 습習이 되는 시간 100일. 어설픈 능력을 숙련시킬 수 있는 최적의 시간 100일. 이것이 100일력이다.

매력적이지 않은가? 습관의 부담과 의지력에 대한 부담을 내려놓고 시작하는 것이다.

고비는 있다,
100일을 준비하라

　멋모르고 두 번의 100일 놀이를 하고 난 후에야 '그냥' 하는 것보다 '준비'를 해야겠다는 생각을 어렴풋하게 했다. 100일 100장 그림 그리기 놀이를 하기 전이었다. '그림'이란 것을 그릴 줄 몰랐기에 두려움이 컸다. 하지만 지금 되돌아보니 난 전문가들이 말한 것들을 하며 그 두려움을 이겨낸 것 같다.

　시작할 때는 엄청난 동기가 있었다. 100일 놀이를 완료하고 나서 생긴 넘치는 자신감이었다. 그림을 그려 본 적은 없었지만 내친 김에 '그려 보지, 뭐. 까짓것 100일 하면 안 되겠어?'라는 포부와 목표가 있었다. 여기까지는 '의지'다. 하지만 쉽게 약해지고 고갈되고 방전되는 의지였다.

2018년 말 정진호 선생님은 100일 100장 그리기 프로젝트를 시작하시며 그것을 위한 성공 전략 이벤트를 여셨다. 성공 전략을 쓴 사람 중 몇 사람을 뽑아 100일 그림 주제표를 준다는 내용이었다. 내가 잘하는 것이 마인드맵이었으니 HONG'S #100d100d 성공 전략을 마인드맵으로 그렸다. 난 1등을 했고 상품으로 거대한 100일 그림 주제표를 배송 받았다. 냉장고의 절반이 넘는 크기다. 그릴 때는 이벤트 상품을 받겠다는 마음으로 그렸는데 지금 다시 보니 그 안에 세부적인 실천 전략이 있었다.

바로 어려움을 예상하고 그것을 대처하는 방법을 미리 짜둔 것이다. 그것도 스스로 생각해낸 것이다. 아, 나 정말 똑똑해진 건가. 이런 방법이 실패하지 않는 의지력 훈련법이라고 한다. 마인드맵을 그리며 여러 개의 작은 조각(가지)으로 나누고 해결 방법을 찾았다.[*]

---

[*] 찰스 두히그, 『습관의 힘』

- 목표를 방해하는 요소 – 100일 중 3/4이 겨울 방학 기간이라 혼자 있는 시간 없음.
- 해결 방법 – 냉동 식품과 간편식 이용, 집안일 분담
- 위험 구간 확인/상황 – 설 연휴, 3월 새 학기, 제사
- 해결 방법 – 그날의 그림 주제 확인하고 간단하게 따라 그릴 수 있는 것 미리 검색, 그림 도구 챙겨가기
- 준비 – 마음 준비와 도구 준비로 나눠서 준비함.
- 최후의 수단 – 김씨들의 방해가 심하면 집을 나간다. 집을 나갈 때 허둥대지 않게 챙겨갈 것들을 미리 정해둠.
- 뇌 속이기 – 픽토그램*이라도 그리기, 규칙을 악용(?)해 완성도가 떨어져도 그림이라고 우기기로 함.

아마 이전에 두 번의 100일 놀이를 하면서 시행착오를 겪었기 때문에 이런 계획이 나왔을 것이다.

---

* pictogram. 그림(picto)와 전보(telegram)의 합성어. 어떤 사람이 보더라도 같은 의미로 통할 수 있는 그림

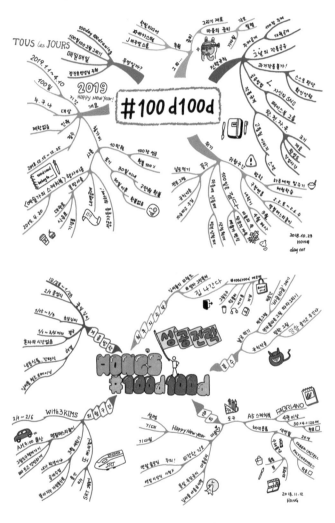

100d100d에 대한 설명과 성공 전략 마인드맵

냉장고 옆면을 가득 채운
100일 그림 주제표

　상품으로 받은 커다란 100일 그림 주제표도 큰 도움이 되었다. 그것도 두툼한 종이에 깔끔하게 인쇄된 100일 그림 주제표는 제법 폼이 난다. 냉장고 옆면의 반을 가득 채운 주제표는 쳐다보지 않을 수 없다. 김씨들도 오며 가며 주제표를 보고 "엄마 오늘 ○○ 그렸어요? 내일은 ○○ 그릴 차례네요." 한다. 덕분에 100일 놀이를 같이 하지 않아도 100일이라는 기간을 느끼게 되었다. 다른 말로 하면 100일 동안 참견한다는 것이지만.

인간의 많은 감각 중에서 가장 강력한 것은 시각이다.[*]

냉장고에 붙은 거대한 100개의 그림 주제표가 분명 행동(그리기)을 하게 하는 시각적 신호가 되었을 것이다.

감정이 습관을 만든다.[**]

매일 한 장의 그림을 완성하면 오늘의 할 일을 다 한 것 같은 기분이 든다. 긍정적인 경험이 뇌를 자극한다. 사진 찍어 페이스북에 올리고 스스로 축하한다. "오늘도 잘했어! 어제보다 잘 그렸어!" '나중에 하는 큰 보상'은 효과가 없다고 한다. 매일 하나의 과업을 완성하는 것이 중요한 이유다.

100일은 습관이 아니다. 100일을 지속했다고 습관이 되진 않는다. 습관이 될 수 있는 발판이 마련된 것이다. 매일 지속한다면 습관이 될 것이지만, 나처럼 100일 단위로 끊어서 띄

[*] 제임스 클리어, 『아주 작은 습관의 힘』 118쪽
[**] BJ 포그, 『습관의 디테일』 176쪽

굴곡 많은 일상생활에서 100일은 습관으로 갈 수 있는 발판이 된다.

엄띄엄하면 습관이라 할 순 없다. 습관이 안 되면 뭐 어떤가? 홍씨가 말하고 싶은 것은 '습관'이 아니라 '100일력'이다. 그동안 100일은커녕 몇 주도 지속하지 못하고 살아온 것에 비하면 큰 발전 아닌가? 습관은 안 되더라도 한 가지는 확실하다. 무엇을 했던 100일을 지속한 후에는 아주 능숙해진다. Xmind(디지털 마인드맵 프로그램)를 휴대폰처럼 자유자재로 사용하고, 강의를 들은 후엔 그래픽 레코딩이나 마인드맵을 그리는 것이 자연스러운 행동이 된다. 독서 모임같이 여러 사람이 모여 이야기할 때는 자진해서 대화 내용을 요약한다. 완성

후 공유하면 다들 신기해하며 좋아한다. 이렇듯 100일 동안 지속했던 일은 내 몸에 아이템이 장착된 것처럼 언제든지 사용할 수 있게 되는 것이다.

암울한 2020년. 시작은 100일 100장 그림 그리기로 즐겁게 시작했으나 코로나19의 상황은 계속 나빠졌다. 남편 김씨의 재택근무까지 겹쳐 돌밥(돌아서면 밥)하다 돌아버릴 지경에 이르렀다. 2018년부터 이어왔던 100일 놀이는 2020년 4월 9일 100일 100장 그림 그리기를 마치고 잠시 멈췄다. 하반기에 또 해야지 했었지만 뭘 해야 할지 생각도 못 한 채 밥만 하다 보니 12월이 되었다. '우쒸, 뭐야 벌써?' 했다가 '아, 나 100일 놀이 한 번 했구나.' 하고 안도했다. 밥만 하다 끝난 한 해가 아니었다.

"도대체 한자 외워서 어디에 써먹게요?" 누군가 『1일 1행의 기적』의 유근용 작가에게 한 질문이란다. 그리고 『케이의 만년필 필사』의 케이 작가는 "필사를 왜 하세요?"라는 질문을 받았다고 한다. 나도 비슷한 질문을 받는다.

"마인드맵 그려서 뭐 하려고요?"

"100일을 왜 하는데요?"

"100일 해서 뭐해요?"

뭔가 대단한 보상이 있을 것이라고 기대하는 걸까? 보상도 없는데 왜 하는지 궁금한 걸까? 그럼 그런다고 하면 그래도 취미인가 보다 여기지만 마인드맵이나 비주얼씽킹 같은 100일 놀이는 생소했나 보다. 뭘 이루려는 목적이 있어서 한 것은 물론 아니었다. 유근용 작가도 한자를 어디에 써먹으려는 목적으로 공부한 것이 아닐 것이다. 질문자의 의도를 이해 못 하는 바는 아니다. 당장, 직접적으로 사용할 수 없는 것을 열심히, 꾸준히 하는 모습이 신기했겠지. 그럴 바엔 같은 시간과 노력을 바로 써먹을 수 있는 것에 쓰는 것이 더 효과적이라고 생각했을 것이다.

하지만 어디에 곧장 써먹을 수 있는 것만 가치가 높은 것일까? 100일 놀이는 내면을 채우는 실행이다. 특히 100일 놀이는 그동안 살면서 꾸준하게 해본 적 없는 이들을 위한 연습이자 훈련이자 놀이다. 100일 놀이 자체는 어디에 써먹으려는 목적으로 하는 게 아니다.

곰은 마늘과 쑥을 먹어서 사람이 된 것이 아니다. 마늘과 쑥의 효능 때문이 아니라 어두운 동굴에서 맛없는 것을 '100일' 동안 먹었기 때문이다. 지속의 힘이다. 알면서도 못한 호랑이를 기억해야 한다.

물건도 넘치고 생각도 넘치는 세상에 살고 있다. 과유불급의 세상이다. 충분함을 넘어 과하다는 것도 아는데 자꾸 무언가를 사고, 더 좋은 정보를 찾아다닌다. 불만의 원인을 외부에서 찾는다. 내가 가진 문제의 해결 방안을 외부에서만 찾는다. 원인은 내부에 있을 수도 있는데 내부는 들여다보지 않는다. 내 문제가 나 때문이라고 자책하는 것은 괴롭기 때문이다. 알고 싶지 않다. 외부 탓을 해야 마음이 편하다.

마흔이 넘어서 철이 조금 들었다. 과거에 대한 후회가 너무 많다. 하지만 후회만 하면 미래가 보이지 않는다. 앞으로 최소 40년 이상을 더 살 건데 앞으로의 40년도 후회하며 살고 싶지 않다. 2061년 12월에는 "지난 40년을 알차고 행복하게 살았어!"라고 기억하고 싶다. 그러려면 어떻게 해야 할까? 역추산해 보면 된다. 멋진 장기 로드맵을 짜는 것이 아니다. 1달 방학 계획표도 못 지켰던 사람이 10년 장기 로드맵을 짜면 될까? 신이 로드맵을 알려준다 해도 실천 못 할 거다. 수많은 자기계발서에서 주장하는 결론은 실행이다. 맞다, '실행'이 답이다. 그러니까, 그 실행이 안 되는 게 문제다.

내가 실행을 하려고 해도 가로막는 장애물들이 많다. 장애물이 보인다면 목표에서 눈을 뗐기 때문이라지만, 걸려 넘어지기 전에 치워두는 것도 요령이다. 내가 생각하는 가장 큰 장애물은 생각과 시간이다.

연말이다. happy new year를 위한 상품들이 쏟아지는 시기다. 한해를 정리하고 새로운 해를 맞이하려면 난 무엇을 버리고 무엇을 하고 싶은가. 매일 해야 하는데, 매일 하고 싶은데 하지 못한 것은 무엇일까? 하고 싶지만, 그것이 너무 거대한 일이라 시작할 엄두가 안 난다면? 지금까지 수없는 실패로 역시 난 안 된다고 생각한다면?

100일 전문가이기에 "100일 안에 진리가 있으니 따르시오."라고 하고 싶지만 100일은 완벽해지는 시간이 아니다. 하지만 딱 100일을 강요(?)하고 싶다. 100일은 익숙해지는 시간이기 때문이다. 나의 첫 100일이었던 마인드맵은 내 관심사가 아니었다. 강한 관심사였던 김씨들 교육에서 파생된 가지였을 뿐이다. 지금은 주객이 전도되었다. 엄마이기에 김씨들의 교육과 장래를 중요하게 여기지만, 그것과 더불어 나 홍씨의 장래도 더 중요하게 여기게 되었다. 시작은 마인드맵이라는 작고 얇은 가지였을 뿐이다. 나의 마인드맵 100일은 시발점이었다. 이후의 꾸준한 100일 성공, 자존감 향상, 시간 관리력의 기초가 되었다. 여전히 새로운 것은 낯설고, 도전은 두렵고, 거절은 싫다. 그래도 나 스스로 해보겠다는 마음이 사그라지지 않는 것을 보면 이게 100일력이구나 싶다.

마인드맵, 만다라트 등 여러 가지 생각 정리 도구들은 많다. '아, 이런 것들이 있구나. 이렇게 하면 되겠구나.' 싶다. 몹시 쉬워 보이고 금방 할 수 있을 것처럼 보인다. 내가 그랬다. 분명 책에서 봤고 수업도 들었는데 흰 종이에서 생각이 펼쳐지지 않았다.

미안하지만 다시 원점이다. 방법을 알려주는 책은 아주 많다. 그러나 기능 장착을 위해서는 연습을 해야 한다. 가끔 띄엄띄엄 말고 매일. 희망을 주자면, 100일만 하면 스킬 장착 완성이다.

자기계발서를 보고 적용이 바로 안 되는 사람이 바로 나였다. 생각을 정리하고, 사업, 일을 정리한다는데…. 집에서 일

하는 나에게는 책에 나온 예시처럼 뭔가 획기적인 변화가 나올 것이 없다.

자기계발서에는 영업에 관한 내용이 많다. 생각을 바꾸고 습관을 바꿨더니 판매량이 얼마가 되었고, 수입이 얼마가 늘어서 삶이 달라졌다는 내용이다. 파는 것이 인간이고, 누구나 세일즈를 한다지만 딱 와 닿지 않는 것이 사실이다. 당장 영업 사원이 되지 않는 이상 책에 나온 것을 실행해 보기는 어렵다.

또한 내 생각이 뭔지 잘 알면 정리툴을 이용하는 것은 아주 어렵지 않다. 하지만 내 생각이 뭔지 모르겠다. 생각이 끊긴다. 정리툴 사용도 미숙하다. 결국 둘 다 하기 싫어진다. 하나도 어려운데 두 가지를 하라고 하면 잘 되겠느냐고요.

그러면 어떻게 할까? 남의 생각을 정리하면서 연습하면 된다. 다행히도 세상엔 훌륭한 사람, 잘난 사람, 성공한 사람, 좋은 생각을 가진 사람들이 참 많다. 이 사람들의 생각을 정리하면 된다. 세바시 같은 강연들은 유튜브에 다 있다. 자신의 분야에서 우뚝 선 사람들의 강연을 듣고 정리하면 어느새 내 머리도 똑똑해진 것 같다. 생각 정리 스킬도 장착 완료된다.

여러 강연을 들으면서 내 생각도 유연해졌음을 느꼈다. 하지만 한 번의 감동은 금방 사라진다. 매일 100일을 반복하니 일어날 수 있는 일이었다.

　정신이 행동을 통제한다는 사실을 토대로 삼은 대중심리학과 베스트셀러 자기계발서가 많다. 그들은 변화된 자신의 모습을 상상하고 간절히 바라면 행동을 바꿀 수 있다고 가르친다. 천만의 말씀이다. (중략)

　사회심리학자들은 이제 진실은 정반대 방향에 존재한다는 사실을 알고 있다. '행동'을 먼저 바꿔야 정신의 변화가 뒤따른다.[*]

　나도 믿음으로 변하기를 바라왔다. 행동보다 믿음이 우선이었다. 기도하고 신의 도우심을 바라라고 배웠다. 이제 알았다. 신은 인간에게 인격과 자유의지를 주셨다. 아무리 신의 도움을 간절히 구해도 내가 손가락 하나 까딱 안 하면 신도 어찌할 수 없다는 것을. 강제적인 신이 아닌데 난 신이 나를 강제로 행동하게 해줄 것이라고 착각했다. 밭에 씨도 안 뿌리고 풍년 되게 해달라고 기도한 꼴이다.

---

[*]　션 영, 『무조건 달라진다』 27쪽

112　나는 프로 100일러입니다

하루 전까지
준비할 것들

1월 1일. 매일 맞이하는 하루인데 '새해'란 말에 마음이 설레고 '1'이란 숫자에 마음가짐이 달라진다. 뭔가 달라져야 할 것 같다. 올해와 다른 새해를 만들고 싶다면 100일 놀이가 딱이다. 새해 첫날부터 시작하겠다고 마음먹었다면 절대로 새해를 눈뜨고 맞이하면 안 된다. 보신각 종소리를 안 들어도 새해는 온다. 카운트다운을 같이 안 해도 새해는 온다. 내가 푹 잠을 자도 새해는 온다. 100일 놀이를 하겠다고 마음먹었으면 불타는 연말을 보내면 안 된다. 꼭 1월 1일에 시작하라는 법은 없지만, 그냥 기분의 문제다. 가능한 1일부터 시작하는 게 좋다.

사실 우리에겐 두 번의 새해가 있다. '그럼 설날부터 시작할까?' 하는 마음이 들기도 한다. 하지만, 가족들이 모이는 두 번째 새해엔 시작하기가 더 힘들다. 특히 며느리들에겐 시작은 고사하고 아주아주 위험한 구간이다. 양력 새해에 시작하면 음력 새해쯤엔 약간 익숙해진다. 이동하고 음식 준비하느라 고단하지만 머릿속엔 계속 100일을 자각하고 있다.

100일 놀이 전날은 정말 경건하게, 수능시험 전날인 것처럼 보내자. 시작이 좋다고 끝이 좋은 것은 아니지만 좋은 시작이 좋은 기분을 만드는 것은 맞다.

먼저 필요한 도구들을 준비한다. 그림 도구라든가 노트북이라든가 운동복이라든가. 아무튼 바로 시작할 수 있도록 가지런히 세팅해 놓는다.

SNS도 준비해야 한다. "나 100일 놀이 할 거다!"라는 다짐을 올리는 것도 좋다. 조용히 시작해도 되지만, 100일 놀이를 모아둘 게시판이나 계정은 미리 만들어 둔다. 함께 하는 그룹이 있다면 미리 인사하며 워밍업하는 것도 좋다.

1월 1일에 시작하지 않았다면 언제 시작하는 것이 좋을까? 1월 1일이 되기를 기다려야 하나? 아니다. 기다리지 않아도 된다. 바로, 오늘, 지금부터 시작하면 된다. 나의 첫 100일 놀이 시작은 7월 15일이었다.

달력을 보자. 오늘부터 100일째 되는 날이 언제인지 확인한다.

100일 기간 중 명절이 있는지?

집안 행사가 있는지? (생일, 제사, 모임 등)

(자녀가 있다면) 학교 일정과 방학 기간은 언제인지?

휴가 일정과 겹치는지?

이 중에서 뭐든 하나는 걸릴 것이다. 예상되는 위험이다. 갑자기 닥치는 일들은 어찌할 수 없지만 위험을 감지했다면 대응책을 준비해야 한다. 예를 들어 그림이든, 글이든, 마인드맵이든 100개의 주제가 필요하다. 매일 그때그때 주제를 찾으려 한다면 주제 찾느라 시간을 많이 쓰게 된다. 100일 100장 그림 그리기는 100일간의 주제가 정해져 있지만, 그 주제 안에서 무엇을 그릴지는 각자의 몫이다. 주제가 우산이라면 펼쳐진 우산을 그릴 것인지 우산을 쓴 사람을 그릴 것인지, 접힌 우산을 그릴 것인지, 내 우산을 보고 그릴 것인지, 사진을 보고 그릴 것인지 등은 본인의 선택이다. 처음에는 미리 준비하지 못해 매일 허덕이며 그려야 했다. 어떤 날은 그릴 내용을 찾기 위해 1시간 넘게 검색만 했다. 하루만 그런 것도 아니다. 여러 번 그랬다. 시작 전부터 지친다.

이런 시행착오가 있었기에 일곱 번째 100일 놀이였던 100일 100장 글쓰기를 할 때는 위험 구간을 대비하기 위해 미리 글감을 마인드맵으로 정리해 놓았다. 꼭 100가지를 다 준비해 둘 필요 없다. 5~10개쯤 미리 준비해 놓으면 시간 없고 급할 때 요긴하게 사용할 수 있다. 짧은 메모로 글을 써놓은 뒤 당일에 살을 붙이고 수정하면 좋다.

글쓰기는 그림과 비교하면 준비물이 간단한 편이다. 휴대전화로 긴 글을 쓰기는 어렵지만, 요즘은 접는 키보드도 있다. 노트북을 매번 들고 다니기 어렵다면 접는 키보드를 휴대하면 된다. 어느 기록 전문가가 추천한 방법이다.

그림을 그리는 것은 작은 종이와 펜만 있으면 충분하다. 여행 중이어서 종이 대신 냅킨에 그린 분도 있었다. 뭐 어떤가? 집에 돌아와서 스케치북에 잘 붙이면 되지. 여행 중이라는 핑계로, 종이가 없다는 이유로 안 그리는 것보다 낫다. 완성도가 떨어지더라도 날짜를 채우는 것이 중요하다.

100일 놀이를 하다 보면 늘어지는 기간이 꼭 있다. 이전보다 잘 안되고 후퇴하는 기분이 든다. 내 경험상 50~70일 사이에 이런 고비가 온다. 처음 40일 정도는 숫자가 늘어나는 게 눈에 보이고 잘 되는 것 같은 기분이 든다. 하지만 그 이후 변화가 없고, 잘 안되고, 거기에 피곤하고 바쁜 일까지 겹치면 위험 경고다. '이렇게 성의없이 하면 하나마나 아닌가?' 하는 생각에 그만두고 싶어진다. 일단 버틴다. 80일부터는 곧 100일이라는 것이 눈에 보인다. 으흠~ 포기할 수 없지. 힘이 불끈 솟는다.

아보카도 씨를 발아시킨 이야기는 앞서 했다. 오랜 기다림 후에 발아된 아보카도 싹은 무럭무럭 자랐다. 그런데 어째 모양이 이상하다. 뿌리는 풍성한데 위로 올라온 싹은 키만 크고 비실비실하다. 화분에 심어 줘야 하나 싶어 화분과 흙을 사서 심었다. 첫째 김씨가 검색해 보더니 줄기를 잘라 줘야 한단다. '엥? 자르라고?' 망설이다 가지를 싹둑 잘랐다. 그리고 얼마나 지났을까? 잘린 부분 아래로 다른 가지가 나오기 시작했다. "너 정말 대단하구나." 이 맛에 식물을 키우나 보다.

일단 발아를 시키고 보니 죽지 않고 잘 살아있다. 100일 놀이도 그렇다. 한번 100일을 성공하고 나니 다음 100일이 두

렵지 않다. 줄기를 자른 것처럼 100일을 마치고 한숨 돌려도 된다. 다시 자랄 수 있는 100일력이 생겼을 테니까.

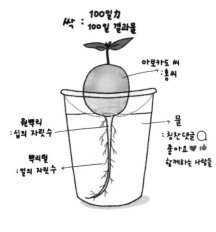

쑥쑥 자라나는 100일력

시작이다!
100일!

　믿지 말자, 의지력! 지금까지 이것에 너무 많이 속았다. 의지력은 실재하는 힘力이 아닌 단어로만 존재하는 것이 아닐까? 있더라도 아주 작은, 얇은 실과 같아서 금방 끊어져버리는 수준일 것이다. 의지意志란 말 자체가 생각意과 뜻志이다. 의지력이 아니라 의지심心이나 의지사思라고 해야 할 것 같다. 의미 중복이라고? 그럼 의지 뒤에 '력力'자 빼고 아무것도 붙이지 말든가.

　능력과 재능이 합쳐지면 천하무적일 줄 알았는데 40년 넘게 살아 보니 꾸준한 노력이 최후 승자다. 나도 안다. 그 '꾸준함'이 제일 어렵다는 것을. 그래서 100일만 해보자는 거다.

이제 시작이다. 1일차. 두근두근한 마음으로 거룩한 의식을 치르듯 놀이를 마친다. 시간은 오래 걸렸는데 결과는 썩 마음에 들지 않는다. 괜찮다. 시작이 반은 아니다. 앞으로 99일이 더 남았다.

『100일 글쓰기 곰사람 프로젝트』(최진우 저)에 나온 표이다.(54쪽) 이것은 글쓰기에 대한 것이지만 100일이라는 공통점이 있다. 과정도 100일 놀이와 크게 다르지 않다.

	기간	심리
1	1~14일	설렘, 막막, 혼란
2	15~28일	벅참, 연명
3	29~42일	적응
4	43~56일	안심, 자만
5	57~70일	타성, 회의
6	71일~84일	소진, 무력
7	85일~98일	묵묵, 기대
8	99~100일	벅참, 감격

신문기사를 보니 새해 결심이 무너지기까지 걸린 시간을 묻는 질문에 가장 많은 응답이 한 달(26%)이었다. '작심삼일'

이라는 말대로 사흘 안에 결심이 무너지는 것은 11%로 의외로 매우 낮은 수치였다.* 결심이 무너지는 한 달은 위의 표에서 보면 적당히(?) 익숙해졌을 시기다. 처음엔 긴장된 상태에서 잘 하다가 익숙해진 순간! 아차! 무너질 수 있다는 말이다. 작심 30일이 가장 위험한 구간 1위다.

* 박돈규, "작심삼일? 64%가 한 달 넘게 새해 결심 지켰다", 조선일보, 2022.02.17.

절반이나?
50일!

안도감이 드는 시점이다. 100일 중 반이 지났다. 앞에서 말한 표의 4~5구간(안심, 자만, 타성, 회의)에 해당되는 기간이다. 이쯤 되면 두 가지 감정이 든다. 50일 동안 열심히 달려온 자신이 너무 대단해 보인다. 문자 그대로의 작심삼일도 넘겼고, 첫 번째 위험 구간인 한 달도 넘겼다. 많이 한 것 같고 시간도 오래 지난 것 같다. 힘든 고비, 없는 시간을 쪼개 하루하루 채운 나를 칭찬하려다 멈칫! '아직도 반이 더 남았다. 여기까지도 힘들었는데 이만큼 더 해야 하는구나.' 싶은 마음도 든다.

'토끼와 거북이'의 토끼도 아마 반쯤 지난 지점에서 낮잠이 들지 않았을까? 50일이 지나 습관이 되기 시작된다는(난 인정하지 않지만) 66일~70일까지가 제일 힘든 구간이다. 익숙해서 약간 지루할락 말락, 영혼이 담기지 않고 덤덤하게 날수를 채운다. 발전은커녕 오히려 뒷걸음질하고 있는 기분이다. 100일이 이렇게 길었나 싶어진다. 의식하지 않은 100일은 순식간에 지나가는데 100일을 의식하니 더 느린 것 같다. 오래된 연인을 만나는 기분이랄까? 재미 반감기다. 슬럼프가 오는 구간이다. 그렇다고 '이만큼 한 것도 대단한 거지.'라며 합리화하고 그만하기는 아깝다. 반이나 했는데! 잠시 멈춤이 영원한 휴식이 될 수 있다.*

꾸역꾸역 날짜만 채우는 나의 모습이 실망스러울 수 있다. 이러면 의미 없는 것 아닌가 싶을 수도 있다. 이런 생각이 드는 순간, 그동안 해온 결과물을 천천히 넘겨볼 때다. 첫날의 결과물을 보고 깜짝 놀랄 것이다. 5~70개의 결과물을 손으로 만지면서 지금까지 잘해 온 자신을 격하게 칭찬하자. 멈추지 말자. 100일이 다가오고 있다.

50일이 넘으면 '시작이 반이다.'라는 말이 틀렸다는 것을

---

* 최진우, 『100일 글쓰기 곰사람 프로젝트』 142쪽

온몸으로 깨닫게 된다. 그럼 그렇지. 시작은 그냥 시작이고
반은 또 다른 반이 남았다는 뜻이다.

저절로 굴러간다.
10일!

앗싸! 이미 위험 구간은 지나갔다. 이제 와서 그만둘 이유도 없고, 그러기엔 너무 아깝다. 처음 시작과는 또 다른, 기쁘고 들뜬 마음으로 100일 놀이를 하는 기간이다. 그리고 100일 기록 정리도 시작해야 한다. 앞에서도 말했지만 차곡차곡 모아서 정리하고 SNS에 올렸던 것도 한 곳에 모아 정리한다. 인스타그램이라면 스토리를 만들고, 페이스북에는 100일 놀이 사진첩을 만들어 모아 둔다. 구글 포토에 공개 폴더를 만들어도 좋다.

'100일째 되는 날을 어떻게 자축할까?'라는 고민을 절로 하게 된다. 먼저 내 사랑 샴페인을 준비해야지. 샴페인은 이런

2020.1.27
HONG
#100d100d - 27

100일 완주 축하해! 완주 기념으로 샴페인 개봉!

날 마시라고 있는 거다. 김씨들에게 치킨을 쏠까, 피자를 쏠까, 케이크도 하나 사? 김씨들아, 말만 해봐.

SNS에도 대대적으로 100일 성공을 자랑하고, 다른 100일 완주자들에게 축하 댓글을 남기자. 우린 너무 훌륭하니까.

"이 맛에 100일을 하는 거지!"라고 할 만큼의 축하 준비를 한다. 같이 하는 그룹이 없어 아무도 알아주지 않아도 자신은 안다. 대단한 성공이라는 것을.

100일 전문가 홍씨의 100일 경력이 하나 추가 되는 날이다. 첫 100일이었던 마인드맵을 완주하고는 '와, 끝이다, 난 해냈어.'란 마음이 들었다. 해방된 기분이랄까? 100일을 완주

하고 나니 족쇄가 풀린 기분이었다. 재미있었던 것만큼 보람과 뿌듯함도 크다. 물론 '하나도' 힘들지 않았다는 말은 거짓말이다. 전전긍긍, 할 수 있을까 없을까 조마조마했었다.

100일력이 붙으니 이젠 여유 있게 100일을 기념할 수 있다. 넓은 잔디마당에 흰 빨래 주렁주렁 널어놓고 "빨래 끝!" 하는 광고처럼 "100일 끝!"

100일 성공,
그 다음은?

항상 이 부분이 고민이다. 계속할 것인가. 쉴 것인가. 100일이 너무 괴로웠다면 아마도 그만둘 것이다. 이제 해방이야!

나의 꼬드김으로 100일 100장 그림 그리기를 같이 했던 언니 홍씨는 다시 하지 않는다. 언니 홍씨는 공부도 잘하고 그림도 잘 그려서 분명 좋아할 것 같았다. 100일은 다 채웠으나 그림 그리는 건 재미없단다. 언니 홍씨는 원래! 스스로! 알아서! 잘하는! 사람이라 100일 놀이에는 별 흥미를 보이지 않는다. 다만 나를 신기해하기는 한다. 내가 100일 놀이를 시작하면 "또 하나? 대단하다."라고 한다.

100일 놀이를 하는 것과 100일을 완료한 후 매일 이어가는 것은 다르다. 100일이라는 마감일이 있고 없고의 차이뿐만 아니라 심리적으로도, 질적으로도 차이가 있다. 100일 놀이 는 기간 중에 못 하면 미션 실패란 느낌이 든다. 어떤 것을 하 느냐에 따라, 또는 본인이 정한 규칙에 따라 밀린 것을 채우 거나, 미리 해도 완료라고 할 수도 있다. (이것도 하루 이틀 정도 지 그 이상 되면 힘만 들고 의미도, 만족도 떨어진다.)

반면 매일은 습관이다. 100일 놀이로 만든 익숙해진 행동 이 더 단단하게 되면 그것이 습관이다. 마감일이 없다. 목적 이 뚜렷하게 보이지 않는다. 굳이 날수를 셀 필요가 없다. 화 장실에서 볼일을 보듯 매일 하는 것이다. 하루 못했다 해도 큰일 나지 않는다. 그런 면에서 더 엄격해질 수도, 더 느슨해 질 수도 있다. '100일 동안 하기'가 하루하루를 채우는 것에 집중된다면 '매일 하기'는 질적인 면에 집중된다. 100일 그림 그리기라면 매일 1장을 완성해야 하지만, 습관이라면 그리는 것은 매일 그리더라도 여러 날이 걸려 하나의 그림을 완성할 수도 있다는 뜻이다.

100일간의 성장을 감지했다면 고민에 빠질 것이다. 목표 에 도달했으니 끝낼 것인가, 101일부터 다시 시작할 것인가. 내 경우엔 대부분 100일로 마무리 짓는다. 하지만 습관의 사이클에 들어갔을 경우 101번째 날에도 자연스럽게 하게 되기도 한다. 백 며칠 하다 흐지부지되는 경우가 제일 많은 것 같고, 100일 이후에 주 1회 같은 느슨한 목표로 계속하시는 분들도 봤다. 그러니 100일 이후를 너무 심각하게 고민하진 말자. 100일을 마친 우리는 이미 훌륭하니까.

4장

100일을 대하는
나의 자세

자나 깨나
100일 생각

요즘 연애 프로그램이 인기가 많다고 한다. 난 어땠었지? 기억이 가물가물하다. 분명 우린 좋아서 결혼했는데 지금은 무덤덤해졌다. 주말 부부지만 헤어지고 만나는 데 별 문제가 없다. 외국 사람들처럼 허그하고 볼 뽀뽀라도 해야 할까? 아니지. 우린 오리지널 한국 사람이다. 집에 온 50대 가장을 밤낮을 가리지 않고 열렬하게 환영해 주는 것은 키우는 개뿐이라는 서글픈 유머가 떠오른다. 지인 분은 연애 시절 그녀를 만나러 기차를 기다리는데 심장이 너무 뛰어서 '계속 이러다간 내가 죽을 수도 있겠구나.' 하셨다고. 물론 그분은 그녀와 결혼하셨고 여전히 죽지 않고 잘 살아 계시다.

처음의 그 두근거림. 1학년이 될 때, 연애할 때, 첫 아이를 임신했을 때 등등 정말 많은 첫 두근거림이 있었는데 왜 이렇게 무감각해졌을까? 항상 두근거리면 심장이 나빠지기 때문에 안 좋다던데, 그 두근거림이 그리워진다. 그래서 드라마나 연애 프로그램을 보며 대리 두근거림을 느껴 보는 것이겠지.

"말도 안 돼. 저때 어떻게 딱 나타나냐? 백마 탄 왕자냐? 드라마니까 저게 가능하지." 구시렁거리면서도 달달한 남자 주인공의 대사에 마음이 녹는다. 어쩜 저렇게 말 한 마디를 해도 저렇게 기특하니.

드라마엔 투닥거리다 정 드는 연인들이 나온다. 연인들처럼 그림도 자꾸 보면 정이 드나 보다. 살다살다 마흔이 넘어서 그림이라니. 페이스북을 보면서 선생님 그림도 보고, 알고리즘이 보여 주는 그림을 자꾸 보니 '그럼 나도 한 번?'이라는 말도 안 되는(적어도 이때는 그랬다.) 생각을 했다. 시기적으로 홍씨 주도학습이 막을 내리는 터라 마음이 심란했다. 도피처가 필요했다. 그때 딱 행복 화실의 회원 모집글을 봤다. 그래, 뭐 12주, 주 1회인데 뭘, 이걸 핑계로 홍대 입구 가서 놀다 와야지, 했다.

수업이 시작되었다. 우리 집에서 홍대 입구까진 멀었다. 동네에서만 있던 아줌마가 1시간 동안 지하철을 타고 가서 2시간 동안 그림을 그리고 나면 기운이 쭉 빠진다. 그래도 핫한 동네에 왔으니 바로 집에 가긴 아깝지. 검색해 놓은 맛집을 찾아간다. 나 혼자 맛있는 거 먹고 집에 갈 테야. 다소 비뚤어진 마음으로 맛집을 찾아간다. 아, 맞다. 오늘은 토요일이고 여긴 홍대 입구. 점심 시간이 훨씬 지났어도 줄이 너무 길다. 무거운 가방이 더 무겁게 느껴진다. 기다렸다 먹고 가자니 시간도, 기운도 없다. 두어 번 이런 경험을 한 후엔 수업 후 집에 바로 왔다. 무거운 가방을 들고 돌아다니기엔 힘이 모자란 아줌마인 걸 어찌하리오.

12주 동안 그림을 배우기만 했다면 이것도 즐거운 배움으로만 흐지부지 끝났을 것이다. 그림을 배우고 100일을 그렸기에 그림이 내 것이 되었다.

가수 오디션 프로그램을 보면 전국 각지에서 사람들이 오디션을 보기 위해 모인다. 말 그대로 남녀노소 다 모인다. 세상이 둘로 나눠진다. 오디션에 붙은 자와 떨어진 자. 대한민국 사람은 나 빼고 다 노래 잘하는구나! 그런 것처럼 그림과 사랑에 빠지니 모든 것이 그림과 연관되어 보인다. 이번에도 세상이 둘로 나눠져 보인다. 내가 따라 그릴 수 있는 것과 그릴 수 없는 것으로 말이다. 빛이 어디에 비치는지, 어느 부분이 어둡고 밝은지, 그림자가 어떻게 생겼는지가 보이기 시작했다. 똑같은 세상인데 달라 보인다. 예술가들의 정신 세계가 궁금해지고, 그들의 표현력이 다르게 보이기 시작했다.

난 사랑에 빠졌어!

관심 없을 땐 보이지 않았던 것들이 보인다. 이번에도 같은 기분이다. 세상에 그림 그리는 사람(직업이든 취미든)이 이렇게 많았었나 싶었고, 그림을 업으로 삼지 않은 사람들 중에도 그림 잘 그리는 사람이 정말 많은 게 보였다. 아는 만큼 보인다는 말이 이런 뜻이었나.

100일 놀이도 마찬가지다. 이것은 100일 놀이로 적합한가 아닌가로 자꾸 판단하게 된다. 1년이 100일과 나머지 날들로 양분화된다. 사랑에 빠진 게 확실하다. 이런 애정과 관심이 새벽에 일어나게 하는 원동력이 된다. 하루하루, 오늘은 어떤 결과물이 내 손에 있게 될까? 100이라는 분모를 두고 분자의 수를 늘리는 재미를 느끼는 날들이다.

소풍 가기 전날, 다음 날 아침을 기다려본 적이 있을 것이다. 소풍이 아니어도, 생일이나, 크리스마스 같은 특별한 날 말이다. 즐거운 상상을 하면서 내일을 기다린다. 100일 놀이를 시작하면 이런 기분을 다시 느껴볼 수 있다. 적어도 초반에는 확실하다.

100일 놀이를 하기로 했다면 딱 100일 동안은 매일매일 한 가지 생각만 하기로 하자. 앉으나 서나 100일만 생각한다. 완성도보다는 했느냐 안 했느냐에 집중해야 한다. 만사 제쳐 놓고 시작하는 것이 최고다.

"말 시키지 마. 엄마 그만 불러."

정말 많이 했던 말이다. 골방에 들어가거나 집 밖으로 나가면 더 좋겠지만 골방도 없고 매일 나갈 수도 없다. 그럼 어떻게 하지? 일찍 일어나자. 김씨들이 일어나기 전에 내 목표를 달성하는 것이다. 김씨들에게 방해받지 않겠다는 생각으로 일찍 일어나기 시작했다. 조용한 새벽 시간, 집중이 잘 되기도 하지만 김씨들 기상 전에 끝내겠다는 마음에 집중도가 더 높아진다. 작은 마감 압박이다. 그 시간에 다 못 끝내도 괜찮다. 오후에 마무리해도 되고 끝내는 것은 내 마음이다. 마음에 들지 않거나 완성도가 떨어져도 괜찮다. 타인에게 검사받는 것이 아니다. 주체는 나다. 내가 끝이라고 하면 끝인 거다.

침대에 누워서도 내일을 생각하며 잠이 들었다. '내일은 뭘 그리지?'

100일 미션 달성을 위해 일상이 재조정된다. 그런데 불편하지 않다. 바쁜 일이 생기면 100일 미션에 지장이 될까 매우 불안해진다. 사랑에 빠진 사람처럼 머릿속엔 100일로 가득하다. 하루를 살아야 할 이유가 생겼다고 하면 너무 거창한가? 가슴 뛰는 100일을 경험하게 된다. 그리고 조금씩 편안해진다.

다시 말하지만 난 독하거나 꾸준한 사람이 아니었다. 그랬으면 최소한 공부라도 잘 하지 않았을까? 100일 놀이를 하면서, 그것도 나이 마흔이 넘어서 난 변했다. 자신감 없고 소심하고 안일하게 살았던 내가 꾸준해지고 자신감이 넘쳐서 스스로 '100일 전문가'라고 말한다. 100일의 기록이 모여 나는 셀프 전문가가 되었다.

기왕이면
D-100부터!

원 모양 피자를 자르면 부채꼴 모양이 된다. 피자를 먹을 때 어디부터 먹는 게 좋을까? 한 조각 들어올린다. 손가락 다섯 개를 다 펴서 피자가 축 처지지 않게 바닥을 받쳐 준다. 그래도 뾰족한 부분이 아래로 살짝 처진다. 그 부분부터 입 속에 넣기 시작한다. 다 나처럼 먹는 줄 알았는데 피자의 테두리 부분부터 먹는 사람도 있었다. 어찌되었던 피자 한 조각을 다 먹은 것엔 차이가 없다. 피자를 먹을 때 테두리 부분부터 먹는 게 좋을까, 뾰족한 가운데 부분부터 먹는 게 좋을까?

100일을 완료하고 탄력을 받아 계속한다면 그보다 더 좋을 수는 없다. 최고다. 습관이 장착된 것이다. 그렇게 계속 하더라도 날짜 수는 다시 1부터 시작하길 추천한다. 똑같은 100일이라도 한 자릿수에서 두 자릿수, 세 자릿수로 변하는 모습을 보는 것이 제일 시각적으로 느낌이 강하게 온다. 물론 101, 102, 103…도 숫자는 늘어나지만, 자릿수의 변화는 없다. 자릿수 변화를 보려면 1000일. 100일에 900일을 더해야 한다.

갑자기 까마득해진다. 나만 그런가? 저렇게 묵묵히 숫자를 늘려 가시는 분들에게 존경을 표한다. 근데 나는 못 하겠다. 나는 100일 전문가라니까요. 까마득해져서 오늘이 며칠째였는지 헷갈릴 수도 있다. "283일 했어요."보다 "100일을 세 번 해서 300일 했어요."가 더 직관적으로 느낌이 팍 오지 않나? 이것은 개인의 취향일 수 있겠지만 100일 전문가의 추천은 100일씩 카운트하는 것이다.

또는 나처럼 100일 단위로 종목을 바꿀 수도 있다. 첫 번째 100일 놀이 마인드맵 100장, 두 번째 100일 놀이 디지털마인드맵 100장, 세 번째 100일 놀이였던 종이 그림 100장, 네 번째 100일 놀이였던 디지털 그림 100장, 일곱 번째 100일 놀이였던 글쓰기 100장까지. 그때그때의 흥미와 재미의 흐름에 따라, 꼬리에 꼬리를 물고 100일을 이어가는 중이다.

1일차, 2일차…로 셀까? 아님 카운트다운으로 100, 99, 98…로 셀까? 100일이란 날수엔 변화가 없지만, 장단점이 있다. 앞에서부터 차례로 세면 "우와, 나 벌써 67일이나 했어!"라는 뿌듯한 기분을 느낄 수 있다. 거꾸로 센다면 "23일 남았네!"라고 생각할 수 있다. 고지에 얼마나 가까이 왔는지 게임 말을 움직이는 기분이다.

처음엔 100일을 순서대로 세었다. 1일부터 시작하면 날짜와 날수가 같아서 31일까지는 쉽다. 그러다 점점 계산이 어려워(?)진다. 오늘이 며칠이지? 며칠째지? 3월 16일이니 31일에 28일이니까 59일이고 오늘이 3월 16일이면 16을 더해 75일째군. 매번 덧셈을 한다. 앱이 있어도 자꾸 덧셈을 하게 된다.

순서대로 세면 100일 플러스의 가능성이 열리기도 한다. 거꾸로 세면 딱 3, 2, 1, 땡! 100일이 마무리된다.

100일에 가까워지면, 이대로 쭉 하면 매일 1년도 가능하겠다는 의욕이 솟는다. 실제로 그런 대단하신 분들도 많다. 난 아니었다. 100일 더하기 십 며칠 더 한 것이 내 한계였다. 100일 전문가의 한계인가!

습관을 기르기 위한 것이 아니다. 100일을 채우기 위한 거다. 그러면 기왕이면 날수는 카운트다운으로 세라고 하고 싶다. 딱 100일만 그리면 된다. 대신 매일의 작품에는 작품 번호 순서를 적는다. #1, #2, #3 식이다.

하지만 정해진 답은 없다. 앞에서부터 세든, 뒤에서부터 카운트다운을 하든 어떤 방법이든 100일만 하면 된다. 피자를 어느 부분부터 먹느냐의 차이처럼 말이다.

100일 안에
습관 있다

아침형 인간도 있고 올빼미형 인간도 있다. 사람은 모두 같을 수 없다.

전구가 생기기 전 사람들은 어떻게 살았을까? 해 뜨면 일어나고 해 지면 잠을 잤을 것이다. 어쩌다 도시에서 볼 수 없는, 말 그대로 칠흑 같은 밤만 있었으니 옛날이야기의 상상력이 저절로 생겼으리라.

전구가 보급되고 산업 사회가 되면서 인간은 해가 지고 뜨는 시간이 아닌 인간이 정한 시간에 따라 움직이기 시작한다. 사람의 생체 리듬은 각자 차이가 있겠지만 기본적으로 해 뜨면 일어나고 해 지면 자는 것이 일반적이다. 밤을 밝히고 일을 하게 되면서 아침형이니 올빼미형이니 하고 사람들을 나누기 시작한 것이 아닐까?

특정 직업군은 빼고, 아침형이든, 올빼미형이든 모두 낮 동안 활동을 한다. 그리고 해가 지고, 저녁을 먹고, 치우고, 아이들까지 재우고 나면 10시 정도 된다. 이제부터 내 시간이다. 이대로 자기 아쉽다. 어둠과 함께 허락된 이 조용한 시간을 온전히 누려야 한다. 책을 읽든, 글을 쓰든, 유튜브를 보든 소중한 밤 시간은 훌쩍, 더 빠르게 지나간다.

100일 놀이를 하면서 낮에도 해보고, 밤에도 해보고, 아침에도 해봤다. 낮에는 예정에 없던 일이 갑자기 생길 때가 있다. 밤에는 너무 피곤해서 비실비실 겨우 마무리한 적도 있다. 하기 싫어서 꾸역꾸역 한 날도 있다. 경험상 아침에 하는 것이 제일 효율적이었다. 전날 무엇을 할 것인지 정해놓고 마음 편하게 잠을 자고 아침에 일찍 일어나서 시작하는 것이다.

100일 놀이를 시작할 때는 '의지'를 가지고 있었을 것이다. 의지력은 근육과 비슷하다고 한다.* 누구에게나 일상은 있고 그 속에서 많은 힘을 쓴다. 그렇게 온종일 의지력이 고갈된

*　찰스 두히그, 『습관의 힘』 199쪽

상태에서 100일 놀이를 하려고 하면 그만큼 더 힘이 들 수밖에 없다.

'바쁜' 아침 시간! 누구든 공감할 것이다. 시간은 아침에만 빠르게 흐르지 않는데 유독 아침에만 그렇게 느껴진다. 나도 그랬었다. 이제는 과거형이다. 요즘은 일찍 일어나니 하루가 꽉 찬 느낌이다. 아침에 바쁘지 않다. 여유가 넘친다. 내가 해야 할 일들을 차곡차곡 해나갈 수 있다. 아침에 제일 먼저 100일 놀이를 완료하면 온종일 그렇게 마음이 가볍고 뿌듯할 수가 없다. 100일 동안 100일 놀이를 제일 급하고 중요한 일, 1번으로 두어야 한다. 한정된 의지력이 고갈되기 전 100일 놀이부터 하는 것이다.

불면증에 잠을 못 자고 아침에 무기력했던 모습은 과거가 되었다. 미라클 모닝을 하겠다고 시작한 것이 아니었다. 온전히 100일을 위한 시간을 확보하려고 조금 일찍 일어나기 시작한 것이었다. 자기 규정을 하나 추가해야겠다. '나는 새벽 기상 전문가입니다.'라고.

내가 새벽에 일어난다고 하면 다들 눈을 동그랗게 뜨고 묻는다.

"그 시간에 일어나서 뭐해?"

"기도해? 새벽예배 가?"

난 반대로 묻는다.

"밤에 잠 안 자고 뭐해?"

"공부해? 유튜브 봐?"

힘든 하루를 보내고 자신만의 시간을 가지고 싶은 마음은 충분히 공감한다. 그래도 밤에는 잠을 자자. 오늘 자고 내일 일어나는 것이 제일 이상적이다. 물론 밤에 더 집중이 잘되고 능률적일 수 있다. 하지만 생체 리듬이라기보다는 그렇게 습관이 잡혔을 가능성이 더 높다. 최고로 심한 고문 중의 하나가 잠을 재우지 않는 것이라고 한다. 불면증으로 고생해 본 적이 있다면 이해할 것이다. 밤에 잘 수 있는 것도 축복이다.

밤에 잠을 잘 자고 하루를 시작하기 전에 즐거운 100일 놀이부터 하면 하루가 더 꽉 차지 않을까?

공짜 커피 때문이었다. 100일 글쓰기를 하면서 알게 된 '책과강연' 새벽 글쓰기 방이 있다. 새벽 4시에 일어나 카톡방에 인증하고 줌에 접속해 자율적으로 인증을 하는 방이라고 했다. '엥? 5시도 아니고 4시?' 나는 원래 늦잠을 자도 6시에는 일어나는 아침형 인간이었지만 4시는 좀 심하다고 생각했다. 굳이 왜 4시야? 다들 잠은 안 자나?

'책과강연' 대표님의 아침 강의를 듣는데 귀가 솔깃한 이야기가 들렸다. 새벽 기상을 시작한 지 100일이 되는 다음날 커피를 쏜다는 이야기였다.(역시 100일은 의미 있는 숫자가 확실하다.) 그날 새벽 4시 5분까지 인증하면 커피 쿠폰을 준다는 말에 바로 휴대전화 알람을 맞췄다. 네…. 알아요. 나 유치해요. 공짜 좋아해요. 쏜다는데 맞아줘야지요. 하하하.

유치한 계기로 나는 인생에서 처음 4시 기상을 했다. 공짜 커피의 힘이다. 하지만 이날 내가 맛본 것은 공짜 커피 맛이 아니었다. 5시 기상과는 또 다른 4시 기상의 맛이었다. 이 맛을 본 이후 4시 기상 인증을 시작했다. 수면 부족의 상태가 되지 않도록 더욱 신경 쓰고, 일찍 시작한 하루를 알차게 보내려고 애썼다. 지금은 카톡방에 인증하지 않지만 여전히 4시에 일어나서 글을 쓴다. 그래서 이 책도 나오게 되었다.

새벽도 밤도 고요하지만 우리나라는 불야성이다. 새벽이 더 고요하다. 충분한 수면이 정말 중요하다고 생각하지만, 새벽 기상이 주는 고요함을 알고 나니 이것을 놓치고 싶지 않았다. 4시가 되었든 5시가 되었든 평소 자신의 기상 시간보다 일찍 일어나 자신만의 고요한 시간을 확보하는 게 중요하다. 100일 전문가가 되고 나니 새벽 기상 전문가는 저절로 되어 있었다. 난 100일 동안 한 가지를 지속했을 뿐인데 그동안 여러 가지 습관이 파생되었다는 것을 느낀다.

내가 나를 '100일 전문가'라 소개하며 100일 동안 무언가를 계속한다고 하면 "부지런하네요.", "꾸준한 사람이군요." 라는 반응이 온다. 원래 그런 사람이었다면 진작에 뭐든 이루지 않았을까? 난 무기력하고 게으른 사람이었다. 되는 대로 살지만 그렇다고 막 살지도 못하는 그런 소심한 사람이었다. 소심한 성격이야 변하지 않았지만 100일 성공으로 자존감은 확실히 높아졌다.

"난 100일이나 할 줄 아는 대단한 홍씨라고요."

자기계발서를 읽고 나면 불끈 의욕이 치솟는다. 나도 실천해 봐야겠다는 생각에 책에 나온 내용대로 시도한다. 하지만 몇 번 하다 흐지부지되고 '난 역시 안 되나 봐. 책은 책일 뿐이야,'하며 다시 원점으로 돌아간다.

가끔 삶에 의욕이 없을 때마다 열심히 살아 보려는 의욕 보충제로 자기계발서를 활용했다. 기분 전환용이랄까. 이 단계가 지나자 냉소적으로 읽게 되는 시기가 왔다.

'흥, 이렇게 쉬웠으면 못할 사람 아무도 없게?'

'생생하게 꿈꿨어도 꿈은 꿈이던데.'

라는 등 삐딱한 마음이 든다. 감사 일기를 쓰면 감사가 넘친다고? 앵무새처럼 반복되는 감사 일상에 감사함은커녕 지루함만 느꼈다.

『매일 아침 써 봤니?』(김민식 저)라는 책에 보면 새해 결심의 세 가지 조건이 나온다. 그중 세 번째에 '중간에 포기할 게 뻔한데, 새해 결심씩이나?'라는 말이 나온다. 어찌나 뜨끔하던지! 딱 나였다. 올해가 가는지 새해가 가는지, 내 나이가 몇 살인지, 몇 년도인지 아무 감흥이 없었다. 이런 상태로 몇 년을 살았을까? 오랜 기간 동안 나에겐 새해가 Happy New Year가 아니라 그냥 another year였다.

시도하지 않는 것보다 더 몹쓸 것은 하다가 흐지부지 그만두는 것이다.[*]

100일 전문가가 되기 전 나는 흐지부지한 사람이었다. 즐겨 가던 교육 사이트에 이런 명언이 있다. "포기하는 아이는 없다. 포기하는 엄마만 있을 뿐이다."

비슷한 명언을 봤다. "사람은 결코 실패하지 않는다. 하다가 중도에 그만둘 뿐이다."

100일이라면, 포기하지 않고, 흐지부지하지 않고 잘할 수 있지 않을까?

100일 놀이의 제일 어려운 점은 일의 순서다. 꼭 오늘, 먼저 해야 하는 것을 난 알고 있다. 이것부터, 지금부터 해야 밀리지 않는 것도 알고 있다. 그러나 행동은 거꾸로 간다. 중요하지 않고 굳이 확인하지 않아도 되는 것에 자꾸 손이 간다. 심리적 진입장벽이다. 하면 안 되는 줄 알면서도 하는 것은 죄다. (김씨들에게 수없이 한 잔소리 중 하나)

다행(?)인 것은 이런 현상은 누구에게나 있다는 것이다. 심

[*] 이민규, 『실행이 답이다』 254쪽

지어 유명한 작가들도 일정한 시간 동안 자신을 묶어 두기 위한 루틴이 있다고 하니 위로가 된다. 역시 인간의 마음이란 고만고만한 것 같다.

자만에 빠진
100일 전문가

성공담만 이야기하면 100일의 기적으로 천하무적이 된 줄 알겠다. 그렇게 되었으면 책 제목을 '미라클 100일'이라고 지었을지도 모르겠다. 미라클은 없었다.

공부 못하는 학생들의 특징은 내일부터, 정각부터, 30분이 되면 시작하기로 '시작을 미루는 것'이라고 한다. 나도 미뤘다. 100일 놀이의 장점은 언제든 시작할 수 있다는 것이다. 새해 첫날이 아니어도, 매월 1일이 아니어도 아무 상관없다. 물론 매주, 매월, 매년 첫째 날에 적극적으로 행동을 하고자 하는 욕구가 강하다고는 하지만 그때 시작한다고 성공에 큰 영향을 주는 것은 아니다. 기분상 그런 날짜에 시작하고 싶다는 것이지.

2021년 하반기에 새로운 100일 놀이를 계획했었다. 이미 상반기에 두 번의 100일 놀이를 했지만, 그 해는 세 번째 100일 놀이라는 도전을 하고 싶었다. 인스타그램을 보니 오일 파스텔 드로잉이 눈에 많이 보였다. 크레파스 같은데 얼핏 보면 유화 같은 느낌도 났다. 뭉툭한 끝으로 저런 그림이 나오는 것이 신기하기도 하고 세밀하게 표현하지 않으니 쉬워 보이기도 했다. 책을 사서 따라 그려 봐야 하나 생각하던 중 마침 가까운 곳에서 수업이 열린다는 공고를 보았다. 그리고 무료라니! 재빨리 신청했다. 1등은 못 해도 선착순 신청은 잘 한다. 시작일을 기다리며 더운 여름을 보내고 있었다.

아이고, 이런. 코로나 확산세로 기관이 문을 닫는단다. 시립 공공기관이니 하는 수 없다. 수업이 무려 두 달이나 연기되었다. 주 1회씩 8회 동안 진행되는 일정이었는데 끝났어야 할 때가 되어서야 수업이 시작되었다. 공공기관 업무상 연말에는 마무리를 해야 해서 두 달 과정을 4주 동안 주 2회로 진행한다고 연락이 왔다. 이때까지만 해도 여유 있다고 생각했었다. '난 100일 전문가거든요. 두 가지 100일 놀이를 겹쳐서도 해본 실력가랍니다.'

그럴듯한 하드커버북으로 만들어졌지만 볼 때마다 100일 실패의 아픈 기억이 생각난다.
이건 단기 몰입도 아니고 번갯불에 콩 볶듯이 만든거라 아쉬움이 많이 남는다.

드디어 수업이 시작되었다. 나름 '그려 본' 사람이기에 어렵지 않을 것으로 생각했다. 나의 예상은 빗나갔다. 오일 파스텔이라는 새로운 그림 재료는 나를 당황하게 했다. 무른 크레파스 질감이라 물감처럼 색깔 블렌딩이 잘 안됐다. 뭉툭해서 색연필처럼 세밀하게 그릴 수 없었다. 덧칠할수록 떡칠이 되었다. 진입장벽에 부딪쳤다. 예상하지 못했기에 충격이 컸다. 1회 수업에 3시간이나 쓰게 되니, 주 2회 수업이 차지하는 시간도 무시할 수 없었다. 1달이 순식간에 지나갔다. 수업 시작과 동시에 오일 파스텔 100일 놀이를 시작하겠다는 나의 계획은 와르르 무너졌다. 전문가의 자만에 빠졌었음을 인정

한다. 시작의 긴장도 없었고 계획도 없었다. 오로지 '100일 전문가 자신감'만 가지고 덤벼들었다 대패했다.

전문가의 오류에 빠졌다. 100일은커녕 수업에서 내준 과제만 겨우겨우 그려 갔다. 주 2회씩 8회 동안 진행된 수업은 순식간에 끝났다. 오일 파스텔도 72색으로 샀지만 그 충격에서 헤어나지 못해 한동안 더 그리지 못했다.

자만하지 말지어다.

나는 100일 전문가입니다
(주변에 나 알리기)

　내 인생은 100일 놀이를 하기 전과 후로 나뉜다. 100일 놀이를 하기 전에는 어떻게 하면 김씨들을 더 많이 공부시킬까만 생각했다. 김씨들 입장에서는 어떻게 하면 자기들을 달달 볶을지만 생각한 거다. 엄마라면 그래야 한다고 생각했다. 친구 같은 부모도 되고 싶지 않았고(내가 왜 니들 친구냐?), 자유 방임형은 내 성격상 죽었다 깨도 못할 것이고(빈둥거리는 꼴을 못 본다.) 차라리 권위형 부모가 낫다고 생각했다. 일관성 있는 양육 태도가 제일 중요하다고 하니, 집안에 규칙이 없는 것보단 규칙이 있는 것이 그 안에서 뭘 해도 되는지 안 되는지 판단이 되니까 말이다.

항상 눈을 부릅뜨고 잘하는지 못하는지 감시하던 내가 변했음을 느낀다. 작은 구멍으로 김씨들만 바라보다 넓은 바다를 보는 느낌이다. 내가 안달복달하지 않아도 김씨들은 무럭무럭 자라고 있다. 오히려 이전보다 자기 할 일을 스스로 찾아가고 있다. 항상 뾰족한 송곳처럼 신경을 세우고 감시했었는데 지금은 뭉툭해지고 모서리가 둥글어졌다. 나름대로 이런 변화의 원인을 생각해 본다. 관심이 분산되고, 내 일에 대해 만족감이 생기고. 여러 강의와 신문, 책 등 보고 읽은 것들을 정리하면서 마음의 시야가 넓어졌기에 가능한 일이었을 것이다.

그림을 그리며 사물에 대한 시각이 달라졌다. 그림을 그리면서 정말 정서가 안정된 것인지도 모른다. 글을 쓰면서 신경쓰지 않고 되는대로 살았던 내가 내 생각, 내 의견을 찾고 바로잡게 되었다. 나 자신이 소중하다고 느끼며 있는 그대로의 모습을 인정하게 되었다. '남들이 말하는 자존감이 이런 것이구나.'를 알게 되었다. 난 기준이 타인이 아닌 내가 되어야 한다는 것을 모르고 살았다. 스스로 남들과 비교해서 깎아내리며 움츠렸던 내가 변했다.

하루의 성공이 100개 모이고 100일의 성공이 7번 모이니

거듭난 사람이 되었다. 김씨들도 엄마가 많이 부드러워졌다고 말한다. 나 자신의 만족도가 높아져서 그런 걸까? 화낼 일도 언성이 높아지다 멈추고, 한숨 한 번 쉬고, 눈 한 번 부릅뜨고 넘어간다. 예전 같으면 입에서 불을 뿜었을 텐데. 연륜인가? 100일 전문가가 되지 않았어도 나이 먹음에 따라 이렇게 되었을까? 나이 먹는다고 자존감이 높아지지는 않는다. 그렇다면 자존감이란 단어가 유행처럼 번지지도, 자존감 높이는 법에 관한 책들도 없었어야 한다. 조용히 나이 먹기를 기다리면 되는데 굳이 노력할 이유가 없지 않은가? 100일 놀이가 자존감을 높이는 특효약이 아닐까?

엄마니까 애들 얘기를 조금 해보겠다. 마인드맵, 비주얼씽킹 워크숍을 김씨들도 시작했다. 원래의 목적이 김씨들이었으니. 내가 먼저 완성하면 자기들도 했다. 처음엔 원래 목적에 따라 매일 했는지 안 했는지 확인하고 안 했으면 빨리 하라고 재촉했었다. 나중에는 나의 100일에 몰입해서 김씨들 감독이 느슨해졌다. 이것도 같이한 힘이었을까? 김씨들은 학교 수련회 등으로 100일은 조금 넘겼으나 밀린 것까지 채워서 마인드맵 100장을 완성했다. 더 많이 칭찬해주고 축하해줄 걸. 자아도취에 빠져 격한 칭찬을 못 해줬다.

이렇게 100일 100장 마인드맵이라는 아이템을 장착한 김씨들도 자신감을 가지게 되었다. 원래 태생적으로 근자감(근거 없는 자신감) 넘치는 첫째 김씨는 중학교 시절 내내 각종 수행 평가에서 마인드맵과 비주얼씽킹을 이용해 좋은 점수를 받았고, 암기과목 시험 공부와 노트 필기도 마인드맵을 이용했다.

둘째 김씨도 세 번의 100일 놀이를 했다. 마인드맵 100장을 그렸다. 100일 100장 그림 그리기도 같이 했다. 좋아하는 과학책을 비주얼씽킹으로 요약도 했다. 매일 자신의 그림을 보면서 즐거워했고 100일 100장 완성의 기쁨 또한 누렸다. 시키지 않았지만, 엄마를 보고 하고 싶은 마음이 들었고 엄마가 100일 100장에 도전하니 본인도 같이한 것이다. 이렇게 두세 명만 모여도 100일 완성이 쉬워진다. 올해 초 둘째 김씨는 마인드맵을 그리며 공부해서 준비하던 시험에서 좋은 성적을 받았다.

육아서에 보면 좋은 경험보다 다양한 경험을 시켜주라고 한다. '다양한'에는 많은 의미가 있다고 생각한다. 먼저 가짓수가 많은 다양함이 있을 것이고, 성공 경험뿐만 아니라 도전과 실패, 완성과 포기의 경험까지 포함하는 다양함도 있을 것이다. 하지만 보통 아이가 어릴수록 가짓수가 많은 다양한 경험에 치중된다. 각종 학원과 체험학습에 돈과 시간을 들여 가짓수만 늘려주려고 한다. 나도 이런 부모 중 하나였고, 남들과 비교하며 더 많은 돈과 시간으로 경험의 가짓수를 늘려주지 못함을 안타까워하기도 했었다.

그런데 지나고 보니 김씨들이 이런 다양한 경험을 다 기억하지는 못한다. (아이고, 억울해라.) 잠재의식에 남아 있다고 하면 할 말은 없지만, 잠재의식까지 들여다볼 수도 없고, 본인도 모르는 잠재의식을 뭐 어쩌라고. 잠재의식 속에만 저장될 경험 말고, 계속 기억할 수 있는 경험은 뭐가 있을까? 이런 인식 가능한 경험 중 으뜸이 100일 놀이다. 아이들의 나이가 두 자릿수가 되면 기억하는 것이 더 많아지긴 하지만 이벤트성 경험이 아닌 성취의 경험이 훨씬 생산적이다. 작은 성공이 중요하다는데 그런 면에서 100일 놀이만큼 좋은 것이 없다.

한 가지 확실한 것은 100시간 연습하면 100시간 전의 자신보다 좋아진다는 것입니다.[*]

~~~~~~

[*]   정진호, 『비주얼씽킹』 266쪽

이 단순한 원리를 일찍 알았으면 좋았을 거라는 생각을 하지만, 이제라도 알고 실천해서 다행이고 나의 김씨들이 이 원리를 일찍 체험하게 되어서 기쁘다. (엄마는 해줄 거 다 해준 거다.) 세상을 바꾸는 사람은 아니더라도 적어도 홍씨보다는 잘 살 테니까.

2022년을 앞둔 12월. 새해를 100일 놀이로 시작한 지 3년이 되었고 4년 차를 앞둔 시점이었다. 나와 김씨들은 각자의 한해를 돌아보며 새해를 계획 중이었다.

"난 100일 글쓰기를 해야 할지, 그림을 그려야 할지 모르겠어. 그림 그린 지도 오래됐고, 오일 파스텔도 샀으니 그림을 그려야 할 것 같기도 하고, 디지털 드로잉도 더 연습하고 싶기도 하고…."

남편 김씨가 묻는다. "책 쓰면서 가능하겠어? 시간이 되겠어?"

물론 나도 이런 생각을 안 한 것은 아니었다. 원고를 쓰기 시작한 지 200일이 다 되어 가는데 생각보다 진도를 못 나가서 고민하던 차였다. 하지만 이때 남편의 말을 듣고 고민을 끝낼 수 있었다.

"난 100일 전문가거든. 그래서 100일 놀이를 계속하는 거야." '100일 전문가'라는 자기 규정과 100일력이 작동한 순간이었다.

100일 놀이를 하든 안하든 시간은 멈추지 않는다. 의미 있는 100일을 살 것인가, 흘러가 없어지는 100일을 살 것인가. 난 의미 있고 꽉 찬 100일을 살기로 했다. 내가 100일 놀이를 안 한다고 해도 집안이 더 깨끗해지고 김씨들에게 더 뭔가를 잘해 줄 것 같지는 않다. (더 잘해 줄 것도 없고.) 난 나의 100일 놀이를 하며 나답게 살 것이다.

명함이 갖고 싶었다. 취업해서 명함을 주는 친구들이 정말 부러웠다. 명함이야 뭐 내가 돈 내고 주문하면 된다. 하지만 그땐 '회사'에서 만들어 주어야 하는 것인 줄 알았다. 첫 번째 100일 드로잉을 시작할 때였다. 그날의 그림 주제는 '직업과 관련된 물건 그리기'였다.

'나 직업 없는데…?' 사람의 사고가 왜 그렇게 경직되어 있었던 건지 모르겠다. 꼭 내 직업이 아니어도 다른 직업과 관련된 물건을 그려도 되는데, 시험 문제의 답을 찾는 게 아닌데 난 계속 '내 직업'이란 말에 함몰되어 있었다. '주부'는 내

2019. 4. 8
HONG
#100d100d

내가 그린 내 명함

가 인정하고 싶은 직업이 아니었다. 급여도 없고 퇴근도 없는데 이게 무슨 직업이야 싶었다. 주부와 관련된 물건이면 뭐 밥통이라도 그려야 하나?

괜히 혼자 씩씩거렸다. 이 그림 주제를 계기로 내가 하고 싶은 일에 대해 깊게 생각해 봤다. 아, 맞다. 난 마인드맵 강의를 듣고 100장을 그린 뒤 J비주얼스쿨의 정식 마인드맵 지도사가 되었다. 아직 강의를 안 해서 그렇지, 난 '강사'였다. 그날 내 명함을 그렸다. 그리고 진짜 실물 명함도 주문했다. 소심하기 짝이 없던, 숨만 쉬던 홍씨가 달라졌다. 그냥 주문하면 되지 뭐. 막 뿌리고 다니면 되는 거지, 사기 치는 것도 아니잖아?

다시 명함을 만들 거다. 이때는 '강사'가 주된 내용이었다면 새로 만들 명함은 '100일 전문가'가 메인이 될 것이다. 100일 놀이로 많은 덕을 봤기에 알리고 나누고 싶은 마음이 커졌기 때문이다.

지금 다시 이 주제로 그림을 그린다면 뭘 그릴까? 내 맥북과 아이패드, 내 책, 새 명함, 프리젠터…. 그릴 것이 많아졌다.

100일을 위해
주의해야 할 것들

숨든가, 피하든가,
사람 조심

궁금해진다. 나의 부모님은 내가 어떻게 살기를 바라셨을 까? 학생일 때야 물론 공부 잘하고 좋은 대학 가는 거였을 것 이고. 그 다음은? 좋은 직장(?)에 취직해서 꼬박꼬박 월급 받 는 거? 좋은 남자 만나서 결혼하는 거? 애나 잘 키우는 거? '잘', '좋은'의 기준은 모호하다. 남들만큼 사는 것도 마찬가지 다. 그 '남들'이 누군지 아무도 모른다. '남들'의 자세한 사정은 모른 채, '남들'처럼 살면 다 행복하게 잘 사는 줄로만 안다.

부모님은 나를 낳고 키우셨기에 나를 제일 잘 아시고, 내 과거도 너무 잘 아시는 분들, 그래서 날 못 믿는 분들이기도 하다. 이미 인생을 오래 사셨기에 헛되고 헛되도다 하시기도 한다.

김씨들을 너무 사랑하시기에 이젠 진짜 딸인 홍씨는 뒷전이다. 다행이다. 부모님께 내 이야기는 잘 말하지 않는다. "그건 왜 하니.", "그거 해서 뭐 하니.", "그럼 애들은 어떡하니." 등 또 걱정을 한 보따리 하시기 때문이다. 왜 말을 안 하냐고 섭섭해 하시긴 하지만 엄마의 걱정에 짓눌리지 않으려면 어쩔 수 없다. 이 책 쓴다는 말도 안했는데, 출간되면 뭐라 하실까? 읽어 보긴 하실까?

다행히 남편 김씨는 든든한 내 지원자다. 집안에 굴러다니는 머리카락도 안 보이는 듯 하고, 술과 외식으로 날 뒷바라지해 준다. 김씨들도 수험생 왕놀이를 하지 않으니 그들에게 맞춰 줄 일도 없다. 엄마가 먹을 것을 잘 못 챙겨 줘도 "살은 빠지겠네요. 뭐."라고 하고, 고기만 주면 불만 없다.

사람을 많이 만나는 사람은 조심해야 한다. 은근히 상대방을 깎아내리는 사람도 있고, 그런 거 해서 뭐 하냐고 기운 빠지는 말을 하는 사람도 있을 것이다. 시간 많고 할 일 없는 사람 취급도 받는다. 이렇게 에너지를 뺏고, 기를 꺾는 사람이 주변에 있다면 숨기를 권한다. 가족 중에 이런 사람이 없기를 진심으로 바란다. 인정을 잠시 잊자. 100일 안 만난다고 크게 틈이 벌어질 사이라면 애초에 서로에게 마이너스인 사이였을 확률이 높다. 그런 사람들에게는 100일 놀이에 대해 미주알고주알 이야기해 줄 필요도 없다. 나에게만 집중하자. 100일 후 짜잔~ 결과를 보여 주면 놀라워할 것이다. 그 사람은 '그냥' 100일을 흘려 보냈을 테니까.

어린아이가 있다면 100일 놀이 실천이 어렵다. 아이를 양육하는 것도 내 책임이기 때문이다. 이런 경우라면 아이도 100일 놀이에 동참시키는 방법이 있다. 실제로 100일 그룹에 아이와 함께 그림 그리는 사람들이 꽤 있다. 아이는 100일을 다 못 채워도 상관없다. 엄마랑 같이 하는 동안 엄마를 방해하지 않으면 그만이다.

먹는 것도
중요하다

"내가 말이야, 너희 어렸을 때는 술을 거의 안 마셨어. 코스트코에서 파는 맥주 묶음 하나 사 오면 냉장고에 넣어두고 몇 달을 마셨는지 몰라. 가끔 치킨이나 먹으면 그때나 한 캔 마시지 뭐, 자주 마시지 않았지. 와인은 아예 사 본 적도 없고."

"에이~엄마가? 엄마가 술을 안 마셨다고요? 상상이 안 되는데."

"뭣이?" 눈 부릅뜨는 홍씨.

"내가 말이야, 너(둘째 김씨) 낳기 전엔 커피도 거의 안 마셨어. 시험 때 잠 깨려고 커피믹스나 가끔 마셨지. 우리나라에 스타벅스가 99년에 생겼으니까 친구들 만날 때나 갔지, 커피를 마시려고 스타벅스에 가진 않았어. 그러다 미국에 갔을 때 매일 스타벅스 가서 커피 사서 20분 앉아 있다 어학원 가는 게 낙이었지. 그리고 너 임신했을 때 아이스 카라멜 마끼아또를 마셔야 정신이 들어서 일을 할 수 있었거든."

"진짜? 엄마가? 엄마가 커피를 안 마셨다고요?"

무슨 호랑이 담배 피우던 시절 얘기도 아니고 불과 15년 전 이야기인데 김씨들 눈은 휘둥그레진다. 그래, 니들 눈에는 '홍씨 = 술과 커피'겠지.

100일 놀이를 할 때 음식까지 신경 써야 하나 싶겠지만, '당신은 당신이 먹는 음식이다.'라는 말도 있지 않나. 원래 뜻은 다르다지만 변질(?)된 뜻이 그렇다니까 그렇다 치고. 먹는 것이 중요하다. 그래서 수험생 엄마들이 한약 짓고 ○○탕 먹이고 하는 거다.

커피든 다른 차든, 차 종류는 괜찮다. 특히나 새벽 기상을 했을 때 따뜻한 차는 머리를 깨우는 데 도움이 된다. 커피를 좋아하는 나는 새벽에 침대에서 더 뭉개고 싶을 때면 "커피 마시고 싶다. 커피 마셔야지."하며 일어난다. 새벽에 마시는 커피는 분위기가 최고다. 단, 카페인에 민감하다면 주의해야 한다. 수면을 방해받지 않는 것이 최우선이다.

김씨들은 안 믿지만 정말 난 가끔 맥주나 홀짝이는 정도였다. 과도한 스트레스와 노동이 술을 부르는 건 맞는 것 같다. 외국에 나가 있는 3년 동안 매일 같이 술을 마셨다. 처음엔 맥주였고, 그 다음엔 와인이었다. 술 마시는 게 낙이었다. 내 입맛에 맞는 와인을 찾아보는 것으로 무료함을 견뎠다.

일단 맛을 들이고 나니 끊을 수가 없다. 귀국 후에도 맥주와 와인을 주종으로 마셨다. 그러다 마셔 본 하이볼. 얼음 가득 채운 잔에 위스키와 탄산수를 채운 하이볼은 나를 사로잡았다. 위스키 시작.

그 전엔 소주는 입에 대지 않았다. 맛도 그저 그렇고 초록색 병도 마음에 들지 않는다. 대신 맥주를 자주 마셨지만, 자꾸 찌는 살을 어찌할 수 없어서 결국 맥주와 결별했다. 아주 가끔 특별히 마셔 보고 싶은 것이 있을 때나, 치킨 먹을 때만 맥주를 마신다. 맥주의 자리를 차지한 것은 증류 소주다.

소주는 녹색 병에 든 것만 있는 줄 알았는데 그게 아니었다. 녹색 병 소주는 증류 원액을 희석해 첨가물과 당류를 혼합한 것이다. 한국 술의 세계도 아주 넓고 깊더라. 앞으로 마셔 봐야 할 술이 많고 많다.

술은 후딱 마시는 음료가 아니기에, 술을 마시다 보면 시

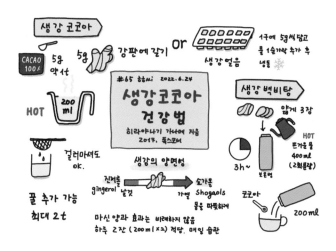

생강 코코아 건강법

생강 코코아

CACAO 100% 5g 약4t

5g 강판에 갈기 or 생강얼음

1구에 5g씩 담고 물 1숟가락 추가 후 냉동 ❄

#65 홍홍씨 2022.6.24

생강코코아 건강법

히라야마기 가서에 지음 2019. 폭스코너

HOT 200ml

걸러마셔도 ok.

꿀 추가 가능 최대 2t

생강의 양면성

진저롤 gingerol 날것 → 쇼가올 Shogaols 몸을 따뜻하게

가열

마신 양과 효과는 비례하지 않음 하루 2잔 (200ml x2) 적당. 매일 습관

생강 백비탕

얇게 3장

HOT 뜨거운 물 400ml (2회분량)

3h~ 보온병

코코아 200ml

몸에 해로운 간식류 대신 건강한 차와 함께하는 100일

간이 많이 간다. 맛있는 음식과 술은 행복을 주지만 방어막이 무너지는 순간이기도 하다. 집에서 마시든 밖에서 마시든 강도의 차이만 있을 뿐이다. 즐겁게 대화하며 마시다 보면 주량은 훌쩍 넘어가고 시간도 그만큼 흐른다. 내일 아침 기상에 비상등이 켜진다. 100일 동안은 가능한 사람들과의 술자리를 안 만드는 것이 제일 좋다. 그래도 내 마음대로 되지 않을 때는 주량을 지키자.

홍씨의 주량을 지키기 위한 방법을 공개한다. 가령, 네 명이 같이 술을 마신다고 해보자. 한 병의 술을 시킨다. 한 잔씩 마신다. 금방 술병이 빈다. 한 병 더 시킨다. 서로 주거니 받거니 대화에 빠져든다. 또 술병이 빈다. 한 병 더 시킨다. 누가 몇 잔을 마셨는지 알 수가 없다. 자연스럽게 내 주량을 훨씬 넘게 마신다. 그래서 난 내 술을 한 병 시켜 내 옆에 두고 나만 마신다. 누가 따라 주지 않아도 된다. 내 술은 내가 따라 마시면 되지. 남편 김씨가 술을 한 방울도 안 마시기에 난 혼술과 홈술이란 단어가 생기기 이전부터 언제나 자작이었다. 아무

술과 간식을 멀리하자. '알코올'과 '당 보충'은 필요없다.

리 웃고 떠들며 마셔도 눈으로 내가 얼마만큼 마셨는지 알 수 있다. 치사해 보이고, 우리나라 정서가 아닌 거 나도 안다. 그래도 어찌하리오. 주량도 측정해야 하는 까칠한 홍씨인 것을.

주의해야 할 마지막 음식은 빵과 과자 같은 밀가루로 만든 간식류다. 구하기도 쉽고, 맛있고 저렴하기까지 한, 설탕이 듬뿍 든 탄수화물을 조심해야 한다. 그림을 그리거나 글을 쓰다 보면 생각을 많이 하는 일이라 에너지를 많이 쓰는데, 이때 제일 빠르고 간편하면서 기분을 좋게 해주는 건 과자나 빵을 먹는 것이다. 우리나라 과자들은 소포장 되어 있다. 이거 하나만 먹어야지 시작해도 정신차려 보면 이미 한 상자 끝이다. 술이 술을 부르듯, 당이 당을 부른다.

'당 보충'이란 말에 속지 말자. 당은 굳이 보충할 필요 없다. 100일 후 두루뭉술한 몸을 원하지 않는다면 간식을 멀리하자. 당을 많이 먹은 다음 날은 확실히 새벽에 일어나기 힘들다. 몸이 찌뿌둥하다. 설탕이 주는 기쁨은 정말 짧다. 대신 100일의 기쁨은 길다.

거절, 포기,
그리고 비교

아, 벌써 12월이다. 매년 느끼는 이 감정. 시간은 왜 이렇게 빨리 가는 것일까. "벌써 이번 달이 다 지나갔네."를 몇 번 말하다 보면 연말이다. 어릴 적 소원은 '빨리 커서 어른이 되는 것'이었다. 개학하고 학교에 한참 다닌 것 같은데 아직도 3월이었다. '3월이 왜 이렇게 긴 거야?' 했었다. 언제부터였는지 기억나지 않지만 항상 시간은 없었다. 내가 뭔가를 잘 못하는 이유는 '시간이 충분하지 않아서'라고 생각했다. 그래야 마음이 편했다.

김씨들을 낳고 나서 시간이 느려졌다. '언제 크냐?' 했다. 박카스 광고에서 아기 안은 엄마는 유치원 차 타는 아이를 보며 "언제 커서 뛰어 노나?"하고, 유치원 아이 엄마는 교복 입은 딸과 엄마를 보며 "넌 언제 클래?" 하며 부러워하고, 교복 입은 사춘기 딸이 성질내자 그 엄마는 시집보낸 딸 둔 엄마를 보며 "부럽다. 시집보내면 다 키운 거지."라며 부러워한다. 내가 딱 이런 마음이었다. 미취학 아동 시절은 지루하게 길었다. 하루가 다르게 크는 아이들이라는데 그건 남의 애들만 그런 거 같았다. 첫째 김씨가 좀 컸나 싶기가 무섭게 둘째 김씨가 생겼다. 다시 원점이다. 8살에 초등학교 입학할 때까지 만 7년에 두 김씨가 35개월 차이니 그만큼 추가다. 그때 두 아이가 초등학교 졸업할 나이가 된다는 것은 먼 다른 나라 이야기였다.

그래도 시간은 흘러 먼 나라 이야기는 현실이 되었다. 김씨들이 초등학교를 졸업하고 나니 다시 시간이 빨라졌다. 이제 곧 첫째 김씨의 17번째 생일이다. 벌써! 이제 17년 산 첫째 김씨도 시간이 빠르다고 말한다. 나이 앞자리 수가 곧 바뀔 것에 대한 두려움이겠지. 분명 나이가 한 자리 수에서 두 자리 수가 될 때는 기뻤을 텐데. 벌써 십의 자리 수가 변하는 것에 신경 쓰는 나이가 됐구나. 애나 어른이나 시간이 없다. '시테크'란 말이 나올 정도로 우리는 너무 바빠졌다. 잠을 줄이고,

일의 속도를 높이는 방법을 사용하지만, 여전히 시간은 없다. 오늘 주어진 시간을 감사히 여기며 최선을 다해야 한다는 것을 알지만 그건 머릿속 어디 한구석에 있을 뿐이다.

우리에게는 각자의 일상이 있다. 그 바쁜 일상 속에 100일 놀이를 끼워 넣어야 한다. 바쁘든 덜 바쁘든, 어찌 됐든 한 가지가 추가되는 셈이다. 부담스러운가? 언제나 바빴는데 또 할 일 추가라니. 추가라는 말을 바꿔 말하면 포기다. 100일을 성공하려면 시간이 필요하다. 그 방해받지 않는 시간을 만들기 위해 새벽 기상을 하기 시작했다는 말은 이미 했다. 아침잠을 포기했다. 하지만 포기한 잠보다 더 만족스러운 시간을 가졌다.

또 한 가지 필요한 것은 거절이다. 거절을 못 하는 이유는 스스로를 중요한 사람이라고 믿고 싶어 하는 경향이 강해서라고 한다. 우유부단하고 목표 없는 경우가 많다고 한다. 이제부터 내 목표를 최우선으로 생각해야 한다. 100일 놀이를 위해 난 무엇을 거절해야 할까?

가족의 부름을 거절했다. "엄마 그만 불러."라고 거절하고, "나 그림 그리는 중, 나 글 쓰는 중이야."라고 거절했다. 자율성을 길러 준다고 생각하자. 엄마 없어도 큰일 나지 않는다.

내가 좋아하는 재미도 한 가지 포기했다. 김씨들이 어느 정도 크고 나니 밤 외출이 가능해졌다. 한 달에 한 번 정도 동네 엄마들과 저녁 겸 술을 마시며 수다 떠는 시간이다. 지금은 이 모임에서 자진 탈퇴(?)했다. 코로나19의 영향으로 만나기 힘들었던 것도 있었지만, 그보다 100일력이 강해지면서 새벽 시간을 포기할 수 없게 되었기 때문이다. 아무리 일찍 만나고 일찍 헤어져도 10시가 되고, 집에 와서 침대에 들어가려면 11시는 훌쩍 넘어야 한다. 4시 기상이 무너지고 컨디션도 흔들린다. 그녀들에겐 매우 미안하지만 내 책 출간 소식을 알리며 밥을 사면 날 용서해 주지 않을까? 미안해요.

휴대폰을 거절하자. 100일 놀이를 하는 그 시간만 거절하자. 온종일이 아니다. 그 거절 시간이 새벽이라면 더욱 휴대폰이 필요한 일은 없다. 폰으로 하는 일 중에 급하고 중요한 일이 있던가? 거의 없다. 스마트폰 없이 살았던 시절을 잊지 말자.

집안일을 거절하자. 빨래가 조금 밀려도, 바닥에 머리카락 천지여도(우리 집엔 긴 머리 여자만 셋이다.) "오늘 100일 미션 끝!" 할 때까지만 거절하자. 집안일이 잔뜩 쌓여 있으면 물론 스트레스 받지만 100일 놀이를 완성하지 못했을 때의 좌절과 실망, 자포자기의 심정에 비할 바가 아니다. 내가 왜 누가 시키지도 않은, 돈이 되는 것도 아닌 100일 놀이를 했을까를 다시 생각하자. 나를 위해서다. 나의 성취감과 행복감을 위해서다.

함께하는 사람들과 비교하지 말자. 함께하는 사람들이 분명 의지가 되는 것은 사실이지만, 사람인지라 나보다 잘하는 사람들을 보면 비교하게 되기 마련이다. 100일 놀이는 순수하게 나만을 위한, 철저히 개인적인 행복을 위한 시간이다. 100일 놀이는 '놀이'다. 놀면서 남들과 비교할 필요 없다.

가끔은 '내가 이거 해서 무엇하리, 돈도 안 되고 명예를 얻는 것도 아닌데.' 하는 마음이 스멀스멀 올라온다. 아무도 알아주지 않을지라도 나는 안다. 어제의 나보다 한 걸음 나아갔다는 것을. 포기와 거절. 이 두 단어가 100일력을 키우는 키워드다.

미루고 싶은 유혹
뿌리치기

　페이스북 100일 그룹의 기본 규칙은 100일 동안 100개의 결과를 매일 업로드하는 것이다. 확인하는 것도 없고 100% 자율이다. 매일 했으나 며칠 치를 한꺼번에 업로드하는 분들도 있고, 자정이 넘어서 올리시는 분들도 있다. 느슨한 규칙이다. 100일의 기간 동안 어쩔 수 없는 상황으로 그날 하지 못해도, 100일 안에 몰아서 밀린 것을 해도 인정한다. 하지만 이런 느슨함이 내 발목을 잡을 수 있다. 100일 놀이를 하다가 정말 바빠서, 시간을 낼 수 없어서 며칠 못 했을 수 있다. 강제적인 모임도 아니고 개인의 사정이니 그럴 수 있다. 그런데 왠지 아쉬운 생각이 든다. 하루에 두 개씩 며칠 동안 해서 밀린 것을 다 채울 수 있다면? 이런 경우도 데드라인에 맞춘 벼락치기다. 이렇게 100일을 마치신 분들도 있었다. 축하드린다. 하지만 너무 힘들다.

벼락치기의 유혹에서 벗어나자. 내가 말하는 100일 놀이의 취지에도 살짝 벗어난다. 하루 하나 하기 힘들어서 밀렸는데 그 이상을 해서 채우려면 몇 배의 노력과 시간을 들여야 한다. 하다가 지친다. 놀이가 스트레스로 변한다. 하루 밀린 것을 하든, 미리 하든 하루에 하나 이상을 하기는 매우 힘들다. 사람이 신기한 게 하나를 마치고 나면 다음 게 잘 안 된다. 기운을 다 써버려서일까?

'오늘은 너무 힘들어. 오늘은 어쩔 수 없었어. 오늘 못하게 된 건 나 때문이 아니야.' 같은 유혹을 뿌리치자. 완성도보다 100일간 매일 하는 것이 더 중요하다. 이런 미루고 싶은 유혹이 파고 들면 어서 휴대폰 스크린 타임을 확인해보자. 깜짝 놀랄만한 사용 시간을 확인할 수 있다. 딱 100일이다. '나중에, 시간 나면'은 영원히 오지 않는다. 시간의 주인은 나다. 이걸 마흔이 넘어서 알았다. 거친 말로 하면 닥치고 100일만이다.

6장

100일을
성공하기 위한 도구들
(tools)

스마트하게 날짜세기, 애플리케이션

100일 놀이에 유용한 애플리케이션을 소개한다. 먼저 날짜를 세야 한다. 덧셈으로 날짜를 세도 되지만 좀 더 편리하게 세고 싶으면 앱을 사용해 보자. 디데이 앱으로는 [TheDayBefore]를 사용하고 있다. 이 앱의 특징은 디데이 제목을 입력하고 계산 방법을 선택할 수 있다는 것이다. 날짜 수(1일부터 시작), 디데이(카운트다운), 개월 수, 주 수 등을 설정할 수 있다. 매년, 매월, 매주, 음력으로 반복 설정도 가능하다. 많은 소중한 날과 중요한 날이 있겠지만 휴대폰 배경화면에 보이는 것은 딱 3개까지가 좋다. 다른 날들은 앱에 가서 언제든 확인할 수 있고 알람 설정도 가능하다.

내 휴대폰 배경화면에 보이는 날짜들은 올해의 남은 날, 100일 놀이 디데이다. 김씨들 시험 디데이까지 보느라 4가지를 같이 보이게 했더니 확실히 가독성이 떨어진다. 휴대폰 배경화면을 최대한 깔끔하게 정리하고 디데이를 크게 보이게 한다. 스마트폰을 볼 때마다 날수를 보고 머릿속에 100일을 각인시킨다.

하루 루틴은 [플러스마이너스]라는 앱을 사용한다. 매일 해야 하는 루틴 항목을 설정하고 하나하나 색을 채운다. 매일 반복하는 일들은 투두리스트 줄 긋기가 아닌 색을 채우는 방식으로 확인한다. 1주일 통계도 볼 수 있다. 순서는 중요한 것이 위로 가게 설정했지만 덜 중요한 것부터 채우고 있는 자신을 발견할 수 있다.

루틴 앱이긴 하지만 사실 난 기억 의존용으로 사용하고 있다. 오늘이 어제 같고, 내일도 오늘 같은 날이 반복되니 사소한 것들을 했는지 안 했는지, 어제 한 것인지 그저께 한 것인지 기억이 안 난다. 어제 운동을 했는지, 마스크팩을 며칠만에 하는 것인지도 가물가물하다. 이 앱에 그런 항목들을 만들어 체크를 해두면 나 대신 기억을 해준다.

애나 어른이나 스마트폰에 너무 많은 시간을 뺏기고 있다.

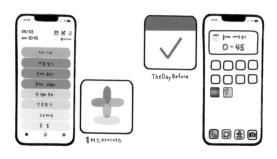

매일의 일상을 기록해 주는 앱들

매일 스크린 타임을 확인하며 반성하는 시간이 필요하다. 시간이 없어 100일 놀이를 계속하기 어렵다고 하지만 사실 스마트폰에 뺏기는 시간만 100일 놀이에 쓸 수 있다면 충분히 성공할 수 있다. 물론 스마트폰이 없던 시절에도 지속하는 습관을 들이기는 쉽지 않았을 것이다. 2007년에 아이폰이 생겨난 이후 애나 어른이나 더욱 어려운 상황에 놓였다. 스마트한 녀석에게서 내 시간을 확보하는 것이 최우선이다.

앱을 고를 때는 필요한 기능만 있는 걸 고르는 게 좋다. 예쁘게 꾸밀 수 있거나 여러 기능을 합쳐 놓은 것들도 많지만, 앱은 단순한 게 제일이다. 이것저것 다 시도해 보느라 시간을 다 보낼 수도 있으니 말이다. 알아서 날짜 계산하게 시키고 폰에 빨려 들어가지 않도록 주의! 또 주의!

스마트하게 메모하기,
애플리케이션

　메모의 힘에 대해서는 굳이 나까지 말 안 해도 되긴 하다. 내 일보다 김씨들 일 챙기느라 내가 바쁘다. 소심하고 쪼잔한 사람인지라 예쁜 스티커나 메모지를 사도 아끼느라 쓰지 못했다. 아끼다 똥 된다고, 내가 어렸을 때, 그러니까 30년쯤 아껴놓은 것들이 아직도 있다. 에휴, 누가 상 주는 것도 아닌데. 예쁜 종이에 이런 사소한 걸 쓰고 금방 버리는 것이 아깝게 느껴지기도 하지만 그것이 메모지의 운명이다. 그것의 운명을 내가 바꾸면 안되는 거지.

　화이트보드를 부엌에 설치하긴 했는데 이것도 오래 되니 잘 안 지워진다. 지금은 자석으로 메모를 붙여 놓는 용도로 사용한다. 100일 놀이를 하느라 시간을 잘 활용해야 하고 다른 집안일들도 놓칠 순 없다. 난 유능하니까.

하루 세 번, 최소 두 번 집에서 밥을 해먹는다는 것은 정말 큰일이다. 100일 놀이를 시작할까 하며 시계를 보면 곧 밥 먹을 시간이다. 밥 하고 치우면 하루가 다 간다. 그것이 새벽 기상을 하게 된 이유이기도 하다.

100일 놀이 시간을 확보하기 위해서, 그리고 마인드맵을 그리며 생각 정리가 되어서였을까. 사람이 계획적으로 되었다. 전엔 살림 책을 보면서 따라 해보려고 했으나 안 됐던 일들이 지금은 잘 된다. 예를 들어 냉장고를 열어 보지 않고도 무엇이 있는지 알 수 있게 리스트를 만들어 보드에 붙여 놓는다. 쇼핑 목록을 적어 마트에 간다. 기록이나 메모에 대한 책을 읽었을 땐 '어휴, 이런 시시콜콜한 것까지 다 어떻게 적어?'라고 했었는데 지금 내가 그렇게 하고 있다.

챙겨야 할 것이 있으면 마인드맵이나 비주얼씽킹으로 그려 붙여 놓는다.

캠프 기간 동안 매일 챙겨야 할 것들을 그려서 붙여 놓았다. 잘 좀 챙겨라!

휴대폰에도 간단한 앱을 깔아 놨다.

[**Do It Tomorrow**] 이렇게 간단해? 하며 놀랄 수 있다. 할 일을 적고 완료하면 종이에 펜으로 쓰는 소리가 나며 선이 그어진다. 이 소리가 난 되게 좋다. 내일로 미룰 거면 오른쪽의 화살표를 터치해서 내일 할 일로 넘길 수 있다. 이게 끝이다. 정말 오늘과 내일 날짜밖에 없다.

[**Shopshop**] 장바구니 목록 앱이다. 쇼핑 리스트를 여러 개 만들 수 있다. 가령 코스트코, 다이소, 이마트에서 살 것 등

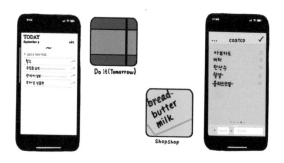

오늘 내일 할 일을 체크하고, 쇼핑 목록을 도와 주는 앱들

으로 리스트를 만들어 사용한다. 카트에 담은 것은 터치하면
빨간 줄이 그어진다.

　내 할 일을 잊지 않게 메모하고 확인하는 앱과 디데이만 잘
보이게 한다. 그 대신 내 시간을 빼앗는 카톡이나 유튜브 같
은 SNS는 폴더에 몰아 뒤에 둔다.

흘러가는 시간을 잡아라, 타이머

학교 다닐 땐 종소리에 의해 움직인다. 종이 울리면 수업을 시작하고 또 종이 울리면 끝난다. 가르치는 사람이나 배우는 사람이나 다르지 않다. 학생 때는 그게 참 싫었는데, 집안일에 치이다 보니 실생활도 이랬으면 좋겠다는 생각을 했었다. 종이 울리면 청소가 딱 끝나고, 다음 종이 울리면 식사 준비가 딱 끝나고 마지막 종례 종이 울리면 집안일도 딱 끝나는 거다. 수업 시간처럼 시간 맞춰 일이 진행되면 좋을 텐데, 실생활은 그렇지 않다.

이와 비슷하게 시도는 해봤었다. 먼저 휴대전화 알람을 여러 개 설정했다. 시간은 물론 반복 요일도 설정할 수 있으니 똑똑하긴 했다. 매주 수요일 10시에 알람이 울리면 알람이 알려주는 일을 하면 되는 것이다. 회사에서 일하는 사람들은 이게 가능한 편이라고 하더라. 가령 일하다가 '할머니께 전화드리기' 알람이 울리면 바로 전화를 걸고 다시 하던 일을 한다는 것이다. 나도 집안일에 적용을 해보려 했지만 잘 맞지 않아 포기했다. 하던 일을 멈출 수가 없었다. 여기까지만 해야지 생각은 했지만 집안일은 꼬리에 꼬리를 물고 날 놔주지 않았다.

오래 전에 어느 학원 원장이 카페에서 책 보는 엄마들을 이해할 수 없다고 말하는 것을 들었다. 애들 다 학교 가고 집에 아무도 없는데 굳이 왜 카페에 혼자 와서 책을 읽느냐는 것이다. 물론 아무도 없는 집은 조용하다. 집에서 마시는 커피 맛도 나쁘지 않다. 예쁘게 꾸며 놓은 집일 수도 있다. 하지만 왜 집 밖에 나오는지 그 사람은 알 수가 없었겠지. 싱글 남성이었으니.

눈길 닿는 곳이 다 일거리다. 여기만 치우고 그만해야지 하지만 저길 보니 저것도 해야 하고, 여길 보니 이것도 해야 한다. 그 장소에서 벗어나지 않으면 앉아서 커피 마실 틈이 안 생긴다. 커피 마시면서도 다음 할 일을 떠올리게 된다. 그러다 보면 곧 하교 시간이다. 집에 있지만 내 시간이 없는 슬픈 현실이다.

시간마다 데일리 리포트도 써봤다. 이걸 쓰면 내가 어디에 시간을 제일 많이 쓰는지 알 수 있다는데 내가 시간을 제일 많이 쓰는 일은 뻔하다. 집안일과 김씨들 일뿐이다. 김씨들이 하교해서 말하기 시작하면 기록조차 잊어버린다. 기록도 뭐 별거 없다. 집안일은 멀티다. 시간별로 기록하기 애매하다. 어차피 해야 할 집안일을 재미있게 해보겠다고 엑셀로 표를 만들어 집안일을 한 후 체크했었다. 의미를 찾아보겠다고 기록했으나 별 의미를 찾지 못했다. 휴대폰 알람도 여러 개를 맞춰놓으니 확인하지 않고 그냥 무시하고 넘어가는 일도 많아졌다. 결국 모든 알람을 해제했다.

여행 가면 기념품을 한두 개씩은 꼭 사게 된다. 없어도 되고, 필요 없다는 것을 알면서도, 꼭 기념품 가게에 들어간다. 그런 곳에서 파는 것은 뻔하다.

자석 영화에 보면 아이들 작품(?)을 냉장고에 붙여 놓던데, 깔끔한 것 좋아하시는 우리 이여사님은 절대 그러지 않으셨다. 결혼 후 냉장고를 두 번 샀는데 어찌된 건지 두 대 모두 냉장고 문에 자석이 붙는 재질이 아니었다. 선물 받은 자석만 냉장고 옆면에 몇 개 붙어 있다.

열쇠고리 예쁜 것들이 많지만 번호키라 열쇠를 가지고 다닐 일이 없다. 시드니에서 예쁘다며 사온 열쇠고리는 포장도 뜯지 않은 채 어딘가에 처박혀 있다. 프라다 열쇠고리도 있는데 열쇠가 없다.

엽서 예쁜 그림이 그려졌지만 이것도 집에 가면 그냥 서랍 안으로 들어간다. 우표를 붙여 누구에게 보내야 할까? 이메일이나 문자 메세지보다 실시간 카톡이 편한 세상에 엽서라니! 우표 값이 얼마인지도 모르겠다.

손수건? 빨기 귀찮다. 마스킹테이프나 스티커? 몇 번 쓰고 만다. 그나마 실용적인 기념품을 산다고 주로 산 게 머그컵이나 커피잔이었다. 그 잔을 사용할 때마다 추억할 수도 있으니까. 하지만 여러 개를 세트로 사는 것도 아니고, 살다 보면 깨지는 일이 의외로 많았다. 집에 와서 보면 마음에 들지 않은 것도 있었다. 무엇보다 늘어나는 컵의 개수를 감당하기 힘들었다. 이제 머그컵은 사지 않는다.

홍씨의 다양한 타이머들

기념품이 아니더라도 있는데도 자꾸 사는 품목들이 있다. 수집의 목적이 아닌데 자꾸 산다. 내 경우엔 그런 물건은 타이머다. 우리나라 기념품 가게엔 잘 없지만 해외여행을 갔을 때 꼭 찾아서 산다. 예쁜 것은 주로 태엽식 타이머다. 한 바퀴 쭉 돌리면 째깍째깍 소리를 내며 돌아간다. 디지털보다 약간 부정확할 수 있으나 일단 예쁜 디자인이 많다. 건전지를 사용하지 않아도 되고 심한 충격을 받지 않는 한 평생 사용할 수 있다. 째깍거리는 소리 때문에 신경이 거슬릴 수도 있지만 그 소리 때문에 시간이 가고 있다는 것을 귀로 느끼기도 한다.

단점은 1~5분 정도의 짧은 시간을 재기에는 별로라는 거다. 그와 반대로 디지털 타이머는 1분 이하 초 단위 설정도 가능하고 타이머 종류에 따라 99시간까지도 설정할 수 있다. 타이머뿐만 아니라 스톱워치, 시계 보기 기능도 있고 가격에 따라 기능도, 디자인도 천차만별이다. 건전지도 AAA부터 동전 전지까지 다양하니 구매하기 전 확인해 보는 게 좋다. 관리하는 것에 따라 다르지만, 태엽 타이머와 비교하면 디지털 타이머는 수명이 짧은 편이다. 이렇게 하나둘 여행지에서 산 태엽 타이머들도 있고, 디지털 타이머도 여러 개다. 망가져서 버린 것까지 하면 아마 20개는 족히 넘을 것이다. 어제도 디지털 타이머가 배송되어 왔다. 있어도 또 사고 싶은 게 타이머다. 타이머 부자다.

타이머를 잰다. 구글 타이머라고도 불리는 시각적 타이머다. 이 구글 타이머의 존재를 알게 되고 나서 김씨들이 어렸을 때 이런 제품이 없었음이 정말 아쉬웠다. 60분을 잰다. 손가락이 멈춰질 때마다 타이머를 본다. 20분 지났고 40분 남았구나. 단점은 한 시간까지만 잴 수 있다는 것 정도다.

직관적으로 시간을 볼 수 있는 구글 타이머

#기서 응싸

보는 사람마다 황당한 표정을 짓게 만드는 프렌치프레스 전용 커피타이머.
더도 덜도 아닌 딱 4분만 잴 수 있다.

김씨들 공부시키려고 샀던 타이머들이 집안 곳곳에 있다. 부엌에도 물론 하나 있어야 한다. 반숙란을 만들 때 시간을 재고, 라면 끓일 때도 시간을 잰다. 커피 전용 타이머도 있다. 프렌치프레스로 커피를 만들 때 사용하는 타이머다. 딱 4분만 잴 수 있다. 우리 집에 와서 이 타이머를 본 사람들은 '헉, 뭐 이런 것까지?' 하는 황당한 표정을 짓지만 내가 정말 좋아하는 타이머다.

어느 교육전문가의 유튜브 방송을 보는 중에 질문이 나왔다. "아이들 공부 책상에 반드시 있어야 할 것은 뭘까요?" 난 질문을 듣자마자 바로 답을 외쳤다. "타이머!" 현장 강의였으면 커피 쿠폰이라도 받았을 텐데 아쉽다.

방에도 있다. 마스크팩을 하고 시간을 재고, 약을 먹어야 할 때 식후 30분을 맞춰 놓는다. 외출 준비를 할 때도 타이머를 재고 준비를 하면 허둥지둥 나가지 않을 수 있다. 화장실에도 있다. 양치 시간을 맞춰 놓고, 1분 세안을 하면 좋다길래 그때도 시간을 잰다. 집중 가능 시간이 15~20분이라고 해서 이 단위로 계속 타이머를 재봤지만 자주 재기도 귀찮고 알람 울렸을 때 손이 바쁘면(물에 젖었다거나 등) 다시 재는 것을 잊어버려서 그 방법은 쓰지 않는다. 하지만 always set the timer 인 셈이다.

내가 쓰는 방법은 두 가지다. 가족들이 일어나기 전에 일어나 시간을 확보한다. 그래도 시간만 확보하고 딴짓을 할 확률이 높다. 실제로 그런 시간이 많았기에 나에게 '미라클 모닝'이 없었는지도 모른다. 커피를 가지고 책상에 앉는다. 내 책상이 없어서 주섬주섬 정리해야 한다. 책상 정리 좀 하라고 잔소리를 해도 김씨의 책상 상태는 내 마음에 들지 않는다.

이놈의 폰이 문제다. 휴대폰에게 늦잠을 허락하고 방에서 가지고 나오지 않는다. 노트북에도 카톡을 깔지 않았다. 맥북을 타자기로 쓰는 것 아닌가 싶긴 하지만, 집중이 중요하다.

타이머 두 개를 맞춘다. 구글 타이머로 1시간, 디지털 타이머로 2시간을 각각 잰다. 중간에 화장실이라도 가서 엉덩이를 떼면 디지털 타이머를 일시정지로 맞춰 놓았다가 돌아오면 다시 시작한다. 손가락이 근질거리지만 다른 창은 열지 않는다. 온전히 글을 쓰기로 한다. 자판 치는 소리가 끊임없이 나야 하는데 뚝뚝 끊어진다. 오늘은 잘 안 써지는 날인가 싶지만, 오늘도 안 쓰고 넘어가지 말자고 생각하며 몇 자, 몇 줄 더 쓴다. 공부를 이렇게 했어야 했는데. 피식 웃음이 나온다.

요즘 애정하는 타이머. 5분 단위로 설정할 수 있어 편하다.
무엇보다 숫자가 커서 좋다.

그동안 여러 가지 타이머를 사봤고 앞으로도 살 거다. 내가 타이머 예찬론을 펼치면 "휴대폰 타이머 있는데 왜 굳이?"라고 물어보는 사람이 대다수다. 난 휴대폰 타이머는 급할 때 아니면 사용하지 않는다. 여러 가지 타이머 앱도 있고, 휴대폰 사용 시간을 줄이기 위한 앱도 정말 많다. 앱은 훌륭하나 타이머를 맞출 때와 끌 때 딴짓의 세계로 빨려 들어간다. 메타버스의 시대가 열렸지만 내 시간을 확보하기 위해서는 철저히 아날로그 방식이어야 한다.

오랜 시간은 필요 없다,
데드라인

　꾸준히 매일 못하는 이유가 뭘까? 힘들어서? 뭐가 힘들어서? 처음의 의욕은 다 어디로 사라지는 걸까? 익숙해진다는 것은 잘하게 되었다는 것과 비슷하다. 처음 시작할 때보다 노력을 덜 해도, 신경을 덜 써도 된다는 의미도 있다. 재미와 흥미가 떨어지기도 한다. 아무리 입맛에 맞고 몸에 좋은 음식도 매일 먹으면 질린다. 의욕이란 잠시 있다 사라지는 것이다.

　'천천히, 조금씩, 꾸준히' 같은 단어는 100일 놀이와 맞지 않는 단어들이다. 빠르게, 100일만, 몰아서 한다.

　매년 1월 1일이 되면 올해는 뭔가 달라질 거라고, 정말 바꿀 거라며 의욕에 불이 붙는다. 그러다 진짜 새해는 구정이라며 음력 1월 1일부터 달라질 거라고 미룬다. 그리고 개학을 하고 다시 봄방학을 한다. 3월 2일 개학을 해서 새 학년이 되면 또 열심히 할 것이라고 생각만 하며 학교에 간다. 이런 과정이 12년 이상 반복된다. 그리고 별 볼일 없이 나이만 먹는다.

미친 중2가 지나고 중3만 되어도 사뭇 분위기가 달라진다. 고입이 코앞으로 다가와서일까? 중2 때나 중3 때나 같은 학교에 다니는 같은 사람인데, 졸업이라는 데드라인 때문일까. 행동의 변화는 없어도 괜히 마음이 급해지나 보다. 고1이 되면 분위기가 한 번 더 진지해진다. 대학 입시의 압력으로 둘러싸인다. 그것도 3~4월이면 풀어진다. 봄 날씨 때문인지. 재수학원도 별반 다르지 않다고 한다. 1년이란 시간, 후딱 지나가는 것을 알면서도 길게 느껴진다.

오늘만, 컨디션이 안 좋으니까, 시험 끝났으니까, 방학이니까, 생일이니까, 명절이니까 등등 이유를 대기 시작해 특별한 이유가 있는 날만 모아도 족히 한 달은 될 것이다. 그래도 시간은 충분한 것 같은 느낌이 든다. '집중해서', '열심히' 하면 되니까. 목표 달성 기간이 너무 길면 지친다. 시간이 많으면 많아서 열심을 다하지 못한다. 그래서 80:20의 법칙이 있는 것이리라. 고3이 되면 남은 1년 열심히 하겠다고 마음먹지만 역시나 그때 뿐이다.

새해 목표를 세우지만 12월까지는 길다면 긴 시간이다. 계절도 자주 바뀐다. 기분도 컨디션도 이리저리 휘둘린다. 그래서 1년 전에 세운 목표와 계획이 기억나지 않는 게 아닐까? 1달에 한 번씩 목표를 수정하고 계획을 변경하려고 해도 그게 잘 되었던가? 월말에 했어야 했는데 벌써 중순이 되고 한 달을 건너뛰고, 우린 바쁘니까 말이다. 1년에 딱 100일만 집중하면 그 해의 만족도가 얼마나 높을지 생각해 봤는지? 시험 때 벼락치기를 할 수 있는 것도 며칠 안에 시험이 끝난다는 데드라인이 있어 가능한 것이다. 마라톤이라는 힘든 일을 할 수 있는 것도 42.195km라는 끝이 있기 때문에 그 끝을 향해 달릴 수 있는 거다.

시간이 좀 생기면, 여유가 생기면 해야지 하다간 나이만 먹어 갈 뿐이다. 100일이라는 데드라인을 이용하자. 12월에 기억나지도 않을 목표만 세우지 말고, 100일 완성을 위한 계획을 세우는 것이 더 현실적이다. 일 년에 두 번의 100일은 충분히 성공 가능하다.

- 1월 1일부터 4월 10일까지 (2월이 28일일 때)
- 5월 20일부터 8월 28일 (추석 전에 끝날 수 있음, 여름 휴가 있음)
- 7월 1일부터 시작하면 여름 휴가와 추석 둘 다 겹침.
- 9월 19일부터 12월 28일 (추석 후 휴식 올해 끝, 곧 내년 시작)

사실 해가 바뀌는 건 상관없긴 하다. 달력이라는 것은 사람이 정해 놓은 규칙일 뿐이다. 비장한 각오로 새해를 시작해야 할 필요가 없다. 100일 놀이를 하면서 새해를 맞이해도 된다. 그냥 사람의 기분이 새해 첫날, 매월 1일에 시작하고 싶은 마음이 들 뿐이다.

1년이라는 시간을 100일이라는 데드라인으로 쪼개자. 우리는 데드라인이 있어야 집중력과 실행력을 배로 만들 수 있다.

함께하는 시스템 속으로,
Social Media

SNS(Social Networking Service)에서 비슷한 사람들을 만나면 긍정적인 피드백을 주고받을 수 있다. 하지만 불특정 다수를 포함하여, 단순히 지인에 불과한 사람들에게 나의 목표를 선포하는 것은 생각해 봐야 할 문제다.

목표를 공표하면 창피함을 피하고자, 자신의 말에 책임을 지고자 더 열심히 하게 된다고는 한다. 공개적 선언이 강력했다면 꽤 많은 사람이 자신의 목표를 이뤘을 것이다. 하지만 일단 목표를 만인에게 공표하고 이를 지키기 위해 노력해도, 그 노력은 오래가지 못한다. 목표를 응원하고 지지한다는 댓글들이 달려도 곧 다른 피드들에 묻힌다. 성공했다는 글이 올라오기 전까지, 적어도 중간 진행 상황을 공유하지 않는 한 나의 목표는 그들의 기억에 남아 있지 않을 가능성이 크다. 어떤 이유로 흐지부지되어도 그냥 그런가 보다 하고 지나갈 뿐이다. 공표한 목표를 지키지 못해도 그들이 날 비난하거나 창피함을 줄 이유는 없다. 굳이 나의 오래된 공표를 찾아내서 후벼팔 만큼 내가 유명인도 아니고 그들도 나에게 관심이 없다.

야심차게 목표를 공개하기보다 같이 하는 사람을 모으는 것이 훨씬 효과적이다. 시간 확보는 아날로그 방식으로 해야 하지만, 인터넷 세상과 완전히 단절될 순 없다. 난 하이텔, 천리안 같은 파란 화면으로 시작해서 싸이월드와 프리챌을 거쳐 트위터, 페이스북, 인스타그램, 이제는 메타버스까지 왔다. 온라인 소통 발전의 역사를 겪어온 세대다. 100일 놀이 자랑질과 인증, 소통을 위해서는 웹의 세계로 가야 한다.

학생일 때는 인위적으로 정해 준 학교와 학급 안에서 인간관계를 맺었다. 대학생이 되어서야 인간 관계의 폭이 조금 더 넓어졌고 이제는 국경도 없어졌다. 실제가 아닌 가상이라는 제한으로 온갖 문제점들도 생겼으나 현실에서든 온라인에서든 관계를 맺고 살아가는 인간의 욕구는 변하지 않았다. 활동무대가 더 넓어져서 더욱 끈끈해졌다고 해야 할지, 느슨한 관계가 늘어났다고 해야 할지 모르겠다. 무대는 넓어졌지만 끼리끼리 모이기 더 쉬워진 것은 사실이다.

여기서도 인간의 성향이 나타나나 보다. 외향적인 사람은 소속되어 활동하고 있는 온라인 그룹이 많다. 거기서도 활발히 말하고 친분을 쌓아간다. 온라인과 오프라인에서의 모습이 정반대인 사람도 있다는데 난 확실히 그렇지는 않다. 오프라인에서나 온라인에서나 조용히 자리를 지키고 있는 편이다. 열심히 활동해 보려고 시도해 본 적은 있었지만 상투적인 말 외에는 할 말이 없더라. 오프라인에서도 수다 성향이 아닌데 온라인에서도 수다는 안 나온다. 카페나 단톡방에서도 존재감이 없다.

이런 내가 SNS에 대해 말하려니 좀 이상하기도 하지만, 100일 놀이에 성공하려면 SNS를 이용해야 한다. 나의 첫 번째 100일 놀이였던 마인드맵. 얼떨결에 시작했지만, 자랑 욕구는 있었기에 페이스북에 매일 올렸다. 시시콜콜한 피드보다는 마인드맵이라는 결과물을 올리니 있어 보이기도 한 것 같고, 적어도 가르쳐 준 선생님은 '좋아요'를 누를 테니까. 누구나 파란 손가락의 개수가 많아지면 은근 기분이 좋아진다. 그래서 유튜버들이 '좋아요! 구독!'을 외치는 것이겠지.

내가 적극적인 인간은 아니어서 일을 기획해서 크게 벌리는 사람은 아니다. 하지만 편승해서 묵묵히 속해 있을 수는 있는 사람이다. 정진호 선생님이 100일 100장 그리기 그룹을 만드셨기에 얼른 승차했다. 이 100일 그룹이 없었으면 과연 내가 100일 전문가가 되었을까? 다음 100일을 해야 할지 말아야 할지, 무엇을 해야 할지 갈피를 못 잡았을 테고 다른 무언가를 시작했어도 성공했을까? 혼자서?

이런 게 모임의 힘인가! 혼자 페이스북 타임라인에 올리는 것도 좋았지만 다 같이 모여 있으니 자극이 훨씬 강했다. 생판 모르는 사이로 시작했지만, 시간이 지나며 닉네임들이 눈에 익고, 서로의 그림에 '좋아요'를 누르고, 댓글을 남긴다. 100일 동안 끈끈하게 붙어 그림을 그린 기분이었다. 매일 어떻게 저런 퀄리티의 그림을 그릴까 싶은 분들도 많았다. 하지만 우리의 목적은 퀄리티가 아닌 '100일 동안 매일'이었다.

잘 그리지 않으면 어떤가. 미대 가려고 모인 것이 아니다. 내 취미인데 남들 기준에 맞출 필요는 없다. 만난 적도 없고 원래 페이스북 친구도 아니었지만 매일 그 사람의 그림을 보는 것이 즐거웠다. 어쩌다 그림이 안 올라오면 기다려지기도 한다.

누구나 인정 욕구를 가지고 있고, 관심을 받고 싶어 한다. SNS는 그런 욕구의 표출 장소다. 100일 동안의 놀이를 SNS에 인증하면 훨씬 수월하게 진행할 수 있다. 혼자여도 괜찮지만, 그룹의 힘은 훨씬 강력하다.

나의 일곱 번째 100일 놀이, 100일 100장 글쓰기의 경우를 보자. 100일 동안 매일 한 장의 글을 써서 인증해야 한다. 카페 업로드 시간 기준으로 자정 전까지 올리는 것이다. 그러지 못하면 탈락이다. 어찌 보면 살벌한 규칙이다. 돈 내고 하는 프로그램도 있던데 그거에 비하면 괜찮은 건가? 아무튼, 시작할 때는 마흔여섯 명이었던 걸로 기억한다. 서로 알지 못하는 사람들이었고 인원도 많아서 서로에 관해 관심을 가지기 어려웠다. 그림은 휙휙 스크롤을 내리며 볼 수 있지만, 글은 그렇지 않다. 매일 자기 글쓰기에 바빠 남의 글을 다 읽을 수도 없었다. 일주일이 지나기 전에 몇 명이 단톡방을 나갔고 그 후 주말이 지날 때마다 글을 못 올리시는 분들이 한두 명씩 나왔다. (최종 완주자는 19명이었다.)

이런 상황에서도 따뜻한 마음을 가진 분들의 힘은 강했다. 규칙은 규칙이지만 애초의 목적이 매일 글쓰기 습관을 들이는 것이니, 지키지 못했다고 그만두지 말고 계속 함께 글을 쓰자는 권유와 격려의 말을 해주셨다. 하루 빠지면 어떤가, 100일은 넘겼지만 100장의 글이 남는다. 이렇게 같이 글쓰기를 이어가신 분들이 생기면서 우리 글쓰기 모임의 분위기는 화기애애해졌다.

나는 주도적인 사람이 아니다. 이런 훈훈한 마음도 모자라는 사람이라 작은 관심도 표현을 잘 못 한다. 단톡방에서도 거의 말이 없다. (대화에 잘 끼어들지 못한다.) 하지만 나보다 훌륭하고 따뜻한 마음을 가진 분들의 격려에 등 떠밀리니 훨씬 수월하게 100일 놀이를 마칠 수 있었다.

SNS에서 주로 무엇을 하는가? SNS는 자주 만나지 못하는 사람들과의 안부 통로다. 그리고 불특정 다수를 향한 자랑을 하는 곳이기도 하다. 광고인지 아닌지 모호한 음식 사진과 고가의 물건을 질렀다는 신고 사진, 나에게만 의미 가득한 여행 사진 등을 올린다. 하지만 100일 놀이를 하며 SNS를 하면 의미 있는 자랑질이 가능하다. 나의 결과들을 인증함과 동시에 폴더에 모아 100개의 결과물을 한꺼번에 볼 수도 있다. 100개를 모아서 볼 때의 만족감이란!

내 삶이 무의미하다고 느꼈던 시절에는 기록도 무의미했

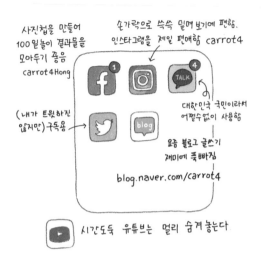

사진첩을 만들어
100일놀이 결과물을
모아두기 좋음
carrot4Hong

손가락으로 쓱쓱 밀며 보기에 편함.
인스타그램을 제일 편애함 carrot4

대한민국 국민이라서
어쩔수없이 사용함

(내가 트윗하진
않지만) 구독용

요즘 블로그 글쓰기
재미에 푹빠짐

blog.naver.com/carrot4

시간도둑 유튜브는 멀리 숨겨 놓는다

다. 매일 반복되는 거 적어서 뭐 하나 싫었다. 남들처럼 보이
려고 사진을 찍어도 내 사진은 아름답지 않고 빈곤해 보이기
만 했다. 애들 사진 열심히 찍어 대다가도 내가 원하는 표정
과 포즈가 안 나오면 짜증이 났다. 내 머릿속에 있는 잡지 화
보 같은 사진을 찍고 싶은데 현실은 그렇지 않았다. SNS에서
멋진 사진과 경험한 것들을 올리는 사람들이 부러웠다. 그때
의 나는 내 삶을 있는 그대로 인정하지 않았다.

지금은 SNS를 대하는 태도가 달라졌다. 화려하고 우아하
게 잘 살고 있는 것처럼 포장하는 용도가 아닌, 100일 놀이

온라인 모음집을 만든다는 마음이다. 내 것을 보고 누군가가 자극을 받고 시작할 수도 있으니까.

사진에 날짜와 시간 프레임을 씌워 인증하는 앱도 있다. 혼자 인증하든 그룹으로 하든 SNS를 잘 활용해서 100일 자랑질을 하길 바란다.

내 물건 손대지 마,
환경 세팅

100일 놀이표를 준비해서 눈에 잘 보이는 곳에 붙여 두는 것이 좋다. 일단 사이즈가 커서 멀리서도 눈에 확 들어와야 한다. A4 크기는 익숙해지면 지나치게 되지만 전지(A0) 크기면 자꾸 눈에 들어온다.

집중할 수 있는 골방이나 전용 책상이 있으면 정말 좋은데 난 둘 다 없다. 대신 얼른 세팅을 할 수 있게 한 곳에 필요한 것들을 모아두었다. 글을 쓸 때는 노트북과 참고 도서, 포스트잇, 펜 등을 모아둔다. 그림을 그릴 때는 필요한 그림 도구들을 넉넉한 크기의 천 가방에 다 넣어 놓고 식탁에 재빠르게 쫙 세팅한다. 이게 없어서 저게 없어서 찾으러 돌아다니지

않게 챙겨 둔다. 그래서 학용품도 절대로 김씨들과 같이 쓰지 않는다. 지우개 하나도 빌려주지 않는다. 무슨 엄마가 이래 싶기도 하지만 김씨들이 손대기 시작하면 나만의 세팅이 무너진다.

지금 하는 오일 파스텔 드로잉을 위해 종이와 오일 파스텔, 유성 색연필, 종이 타월을 모아 둔다. 그림 소재도 상당수 찾아 놓았다. 준비 시간을 줄이기 위한 나의 환경 세팅이다.

홍씨 것 손대지 말지어다.

100일 100장 그림 그리기 시즌4가 시작되었다. 2021년 12월이 됐는데 감감무소식인 정진호 선생님. 바쁘셔서 이번엔 안 하시려나 싶긴 했다. 나도 책을 마무리해야 하니 할 일이 많기도 하고, 꼭 1월 1일에 100일 놀이를 시작해야 하는 법도 없다. 나 혼자 해도 되고, 100일 100장 글쓰기 4기에 참여해서 또 글을 쥐어짜 볼까도 했다.

그래도 매우 아쉬워서 댓글을 남겼다. 역시 연초부터 바쁘셔서 계획에 없으셨지만 그래도 그룹을 오픈하셨다. 이번엔 자유 주제다. 그림 외에 다양한 것을 스스로 계획해서 100일 놀이를 하는 것이다. '너무 광범위한 거 아닌가?' 싶었지만 내 걱정일 뿐이었다. 오래 그림을 쉬었다 다시 시작하는 분, 매일 한 편의 글을 쓰는 분, 익숙하지 않은 디지털 드로잉을 하시는 분, 코바늘뜨기로 매일 수세미 하나씩을 뜨시는 분 등등 다양했다. 다양한 100일 놀이를 구경할 수 있게 되었다. 난 고민하다 오일 파스텔 드로잉으로 결정했다. 나에게 실패를 주었던 오일 파스텔. 100일 놀이를 할까 말까도 고민했었는데 막상 하기로 하니 또 하고 싶은 것이 많아서 결정하기 힘들었다.

이런 게 100일력이다. '어, 이거 100일 하면 되겠는데? 100일 해보고 싶은데?' 하는 아이템이 막 생각난다. 콘텐츠의 시대라 하지 않나. 나의 콘텐츠 개발 100일이다.

이미 내가 아는 100일러(er)들은 많다. 그래서 새해 100일 그룹을 열었을 때 그분들이 동참해서 시작한 것이다. 100일만 하면 된다는, 100일이라도 집중해서 하고 싶다는 마음일 것이다. 난 그저 그런 마음과 생각들을 대변하는 사람이 된 것뿐이다. 자, 이제 우리 같이 100일러의 세계로!

오늘 찍기,
날짜 도장

날짜 도장을 최근에 구입했다. 필수품은 아니지만 있으면 재미있는 물건이다. 업무상 이런 날짜 도장을 사용하는 분들도 있을 것이다. 인스타그램을 보다가 본인 그림에 날짜 도장을 찍는 것을 보고 따라 샀다. 어렸을 때 "이거 갖고 싶어.", "저거 갖고 싶어." 하면 아빠가 "넌 눈에 보이는 건 다 갖고 싶다고 하냐? 너 같은 애들 때문에 광고 회사가 먹고 살지, 쯧." 하셨는데, 그 말이 맞는 것 같기도 하다. 없어도 된다. 손으로 날짜를 써도 아무 문제없지만 남이 하는 걸 보니 나도 찍고 싶다. 단돈 몇천 원이면 도장 찍는 재미를 솔솔 느낄 수 있는데 굳이 안 살 이유가 있나?

초등학교 시절의 '참! 잘했어요' 도장은 내가 찍는 게 아니었다. 하지만 이번엔 그 주체가 나다. '참! 잘했어요'가 아닌 날짜 도장일 뿐인데도 찍는 기분이 참 좋다. 다이어리에도 찍고 어디 더 찍을 데가 없나 두리번거린다. 유치하지만 재미있다. 쿵 찍어 오늘 날짜가 찍힌 것을 보며 "오늘도 잘 했네." 칭찬을 한다. 자부심을 쿵! 찍는다.

인스타그램에서 보고 산 것은 잉크 내장형이다. (샤이니 날짜 스탬프 일부인 S-300). 김씨들도 덩달아 찍기 시작했다. 근데 못된 홍씨는 같이 쓰기 싫다. 날짜 도장을 찾아 이쪽 책상, 저쪽 책상을 기웃거리기 싫다. 그래, 홍씨가 너희들 것도 사 주마. 이번에 산 것은 잉크 없는 날짜 도장이다. 스탬프 패드로 잉크를 묻혀 찍는다. 이제 각자의 날짜 도장을 갖게 되었다.

홍씨 것 넘보지 말지어다.

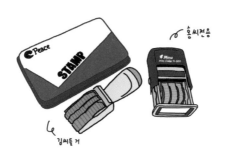

홍씨전용

김씨들 거

오늘도 나는 100일 놀이 중이다.
100일 놀이 인증을 하고 이를 통해 소통하고
또 다른 100일 놀이를 꿈꾼다.
자신감이 몸에 붙는다.

100 가지의 결과물이 쌓이고
여러 좋은 습관들이 저절로 내것이 된다.

100일 놀이의 전도사가 되어 만방에 소리친다.

100일 놀이 한 번 같이 해보자고요!!!

부록

내가 성공하고 싶은
100일 놀이
To Do List

100일 놀이의 시작
('나'를 점검하기)

* '나'는 누구인가?

이름(또는 별명)

....

나이

....

하는 일

....

좋아하는 것

....

....

싫어하는 것

....

....

취미

....

....

특기

....

....

* 나에 대한 만족도

항목	만족도 (10점 만점)	점수에 대한 이유
예) 하는 일	7점	내가 잘 할 수 있는 일을 하고 있어서 좋지만, 너무 일이 많아서 여유가 없다

* 하고 싶었지만 못했던 일

하고 싶었지만 못했던 일	이유

*앞으로 하고 싶은 일

앞으로 하고 싶은 일	그 일을 하기 위해 필요한 일(준비해야 할 일)

100일 놀이 정하기 ~~~~~~~~~~~~~~~ ✏

*100일 동안 해보고 싶은 일

하고 싶은 일	확인할 방법
예) 하루에 한 장씩 그림 그리기	프린트해서 눈으로 확인할 수 있게 모아 둔다.

*내가 하고 싶은 100일 놀이를 통해
 얻고 싶은 것은 무엇인가요?

100일 놀이 준비하기 ～～～～～～～ ✏
(계획표 만들기)

*앞에서 적은 100일 놀이 중에서 하나를 선택합니다.

---

*시작 일을 정하여 적고 그 기간 중 주의할 일정이 있는지 확인합니다.

100일	시작일~마무리일	주의할 일정
1~10	~	
11~20	~	
21~30	~	
31~40	~	
41~50	~	
51~60	~	
61~70	~	
71~80	~	
81~90	~	
91~100	~	

100일 동안 지킬 나와의 약속 ~~~~~~~~

* 100일 놀이를 성공하기 위한 자신만의 원칙

예) 일찍 자고 일찍 일어나기

_____

_____

_____

* 100일 놀이를 할 장소 및 시간대

_____

* 100일 놀이에 필요한 준비물

_____

_____

* 100일 놀이에 유용하게 활용할 수 있는 나만의 도구

예) 타이머(잊지 않고 시작할 수 있고 시간 관리에 필요하기 때문에)

_____

_____

100일을 위해 주의해야 할 것들 〰〰〰〰〰 ✏

* 100일 놀이 성공을 위해 하지 말아야 할 것들

예) 지나친 음주

---

* 피하거나 대처할 수 있는 방법

프로 100일러와 함께하는
100일 폴짝! 완성표

두자릿수!

1	2	3	4	5	6	7	8	9	10
11	12	13	14	15	16	17	18	19	20
21	22	23	24	25	26	27	28	29	30
31	32	33	34	35	36	37	38	39	40
41	42	43	44	45	46	47	48	49	50
51	52	53	54	55	56	57	58	59	60
61	62	63	64	65	66	67	68	69	70
71	72	73	74	75	76	77	78	79	80
81	82	83	84	85	86	87	88	89	90
91	92	93	94	95	96	97	98	99	100

십의 자릿수 바뀜

우와~ 한달

반이나? 이제겨우 반?

꾸역꾸역

위험

느릿느릿 끝까지 간다